米中地獄の道行き
大国主義の悲惨な末路

増田悦佐
Etsusuke Masuda

JN155622

ビジネス社

はじめに

世界は今、500年に一度の歴史的大転換に差しかかっている。具体的には、15世紀末の大航海時代に始まった、西欧によるその他全世界の征服が生み出した圧倒的に欧米にとって有利で、その他全世界にとって不利な支配構造が根本から転換するのだ。

最大の理由は、経済をリードする役割を果たす産業が製造業からサービス業に移ったことだ。そこから、株式市場の重要性も下がり、資源争奪戦もなくなり、軍事力も意味を失い、単純労働をしなければ食っていけないような人口は少なければ少ないほどいいといった、さまざまな派生的変化も起きる。第1章では、この歴史的変遷を概観する。

第2章では、過去500年あまりにわたって続いた欧米による世界支配の中でも、最後の約1世紀間、軍事力・経済力双方で世界の覇権を握っていたアメリカがいかに醜悪な利権社会化したかということを解明する。いまだに、第二次世界大戦での惨敗ショックがさめやらず、アメリカ様のおっしゃることはなんでも正しいと思っている、親米保守とか親米右翼にはお気の毒だが、アメリカは箸にも棒にもかからないほど悲惨な国だ。社会構造全体が、金持ちが貧乏人を食いものにしてますます肥え太ることを奨励している。

この悲惨な構造には、あちこちでガタが来ている。今般の大統領選で、大方の予想に反してトランプが勝ったのも、「俺たちの特権階級としての地位を守ってくれ」という悲鳴にも似たプアホワイトの声を代弁していたからだろう。トランプ自身は虚勢を張ったチンピラに過ぎないが、クリントン、ブッシュ、オバマといったエスタブリッシュメントが暗闇の中にとどめていた贈収賄の構造を白日のもとにさらけ出すという、意図せざる功績をアメリカ国民にプレゼントするだろう。その意味で、帝国崩壊期にふさわしい指導者だ。

第3章は、アメリカ金融市場の全面的な後押しで急成長を続けた中国経済が、いかに持続不能な資源浪費に陥っているかを描く。このすさまじい資源浪費国家が、次に資源を買うためのカネが回収できないほど、資金繰りに詰まっているのだ。資源国やエネルギー産業は惨憺たる状態になるだろう。

だが、米中両国はアメリカの金融バブルで中国の資源浪費を持続するための資金を供給するというかたちで、一心同体だ。今回の非常に大きな政治・社会・経済を貫く大変革が、絶対に大戦争なしで起きる最大の理由もそこにある。

連邦準備制度による量的緩和でアメリカの金融市場にあふれ出ている莫大な金額の資金は、アメリカでは金融市場を潤すだけで、実体経済への刺激はほぼ全額中国の工業生産に行っている。アメリカの金融市場と中国経済は一蓮托生で、今まで浮かんでいたころも一緒なら、これから沈むときも一緒。軍隊をくり出して攻め合ったところで、得るものは何一つないのだ。

第4章では、その米中結託した世界支配の構図にあまりにもうかうかと乗せられて、日本株が値上がりすると儲かるのは外人投資家ばかりで、日本の金融機関は日本株の保有率でも、取引額シェアでも落ちこむばかりという惨めな姿には、眼を疑う読者も多いだろう。

だが、工業社会からサービス社会に転換すると、経済を引っ張る主役も投資から消費に変わる。そして、消費で一番重要なのは、中間層から下の人たちがそこそこに遣えるカネを持ち、そのカネを賢く遣うことなのだ。ずる賢い知的エリートがますます大金持ちになり、愚鈍に飼いならされた大衆はますます窮乏化するアメリカ型社会は衰退し、エリートがトロく、大衆が賢い日本型社会が浮かび上がるのだ。

第5章では、その明るい未来に行きつくまでに、日本国民の大多数がどう現在の苦境を切り抜けるかについて、2つ具体的な提言をした。1つ目は、趣味をおカネにできるまで磨きなさいと言うことだ。2つ目は、少額でもコツコツ金を買いつづけなさいということだ。

もちろん、頼れるものが何一つ見当たらなくなってしまうような時代にも、これは絶対大丈夫だと思えるものがある人は、信ずる道を行っていただきたい。世間でもてはやされているものさえ避ければ、そう悲惨なことにはならないだろう。

第2章　アメリカ金融資本主義のたそがれ

第3章 中国資源浪費バブル崩壊が暴き出す「グローバル化」の虚構

第4章　こんなにダメな日本が世界の先端に立つこれだけの理由

第1章

今後10年で
世界が大転換する
これだけの理由

今度の金融危機は、体制内変革ではなく、体制の大転換を招く

１６００年代以来、今日まで金融危機が何度もあった。それはずっと体制内の変動だった。しかし、これからほぼ確実に10年以内に体制変革につながる金融危機が起こる。体制変革につながる金融危機とは何か。

１４９２年にスペイン王国がアラブ系の最後の拠点、アルハンブラを攻略して、それ以来延々とヨーロッパ諸国がコロンブス、バスコ・ダ・ガマ、マゼラン等を派遣して非ヨーロッパ世界を侵略し、征服してきた。その体制が、とうとうアメリカ１国の軍事力があまりにも強くなり過ぎたために崩壊するのだ。

今回の危機はこのヨーロッパ・アメリカ本位に組み立てられた体制内の変動ではなく、体制変革につながる金融危機になるというのが、まず非常に大きなポイントとなる。

その次のポイントとして、その体制崩壊は絶対に軍事衝突にはならない。なぜ軍事衝突にならないか。米中2大国は完全に金融的につながった一蓮托生の運命にあって、どちらかがヘタれば、もう一方もヘタるかっこうになっている。現代世界経済は、すでにこの２国が戦争をするなどということは絶対にありえない構造になっているのだ。

では、プーチン率いるロシアはどうか。ロシアは目一杯虚勢を張っているが、今、本格的な軍事衝突をやったら完全に経済が崩壊するところまで追い込まれている。ロシアもまた軍事衝突はできない。しかも、ロシア経済の浮沈もまた、中国が資源浪費を続けてくれることにかかっている。

一時、戦争の論理で軍事外交のみならず、政治経済全般まで論じる「地政学」なる発想がもてはやされたことがある。この発想は、実はアメリカが軍事的にいかに有利な立場にあるかということに論点を絞った「学問」体系だった。地政学がお好きなアメリカの保守派は、「だからアメリカはもっと自分の利益を正面から押し出す主張をしていい」とあおったわけだ。

第二次大戦のときの戦没者数というようなデータを見ると、たしかにアメリカという国が北米大陸のはらわたあたりの位置を横断していることとの有利さがしみじみわかってくる。つまり、同じ大陸の中にほかの強国が存在しない大陸国家で、人口が分散していて、しかも多いという条件をかねそなえているといかに有利かが、はっきり浮かび上がってくる。

ところが今後10年の大転換は、前述したように正規軍の軍備がほとんど無用の長物化するといった、派手な変化も伴う。そこまで派手ではないが、ほかにもいろいろ旧来の常識を覆すような変化が起きる。たとえば、株式市場が経済の将来を占う先行指標という意味を失ってしまう。また、金持ちの社会的有用性がいちじるしく低下する。そのへんは、章を追うにつれてくわしく説明するとして、ここでは戦争という社会現象の消滅と軍備の無用化から書き起こそう。

地政学は、軍事帝国を築いたアメリカの自己弁護

戦争が避けることのできない社会現象だった時代には、アメリカが突出して有利な立場を築いていた。まず、第二次世界大戦中の軍人・軍属と民間人の死者数を比較してみよう。

アメリカの戦死者数が29万2000人と、主要参戦国の中で最低だ。その上、アメリカ領内の陸地での民間人死者数はほとんどゼロに近い。真珠湾攻撃で民間人が48人か55人死んだという記録があり、末期の日本軍による風船爆弾攻撃で、オレゴン州で6人が亡くなっている。だが第二次大戦における民間犠牲者1万2000人の大部分は乗っていた船が撃沈・大破されたことによるもので、陸上での死者は非常に少ない（なお、従軍カメラマン、従軍記者、従軍画家は、「従軍」という形容が軍属を示す正式呼称なので、戦争での死傷者統計では民間人ではなく、軍人・軍属のくくりに入る）。そういうところだからこそ、やはり正規軍同士の軍事力の勝負になれば、ダントツに強いわけだ。

ソ連は本当にかわいそうな国で、1450万人というとんでもない数の戦死者が出ている上に、民間死者も700万人以上出ていた。ロシア連邦になってからもそうだが、ソ連だったこ

ろは表面的な「地政学」の教訓を忠実に守って、アメリカと同じように広い国土に中規模都市を分散させていたように見えるのだが、実態はモスクワを中心とする狭い中部地区と、ウラル地方に圧倒的に経済活動が集中していて、総力戦での被害も大きかった。

中国で民間人死者が1000万人に達する可能性もあるという話は、ちょっとサバを読んでいるかもしれない。だが、ソ連の700万人はほぼ確実に下限で、むしろもっとはるかに大きかった可能性がある。ソ連は餓死者を戦没者にカウントしていなかった疑いがあるからだ。第二次世界大戦では、そうとうな数の餓死者が出ているはずなのだが。

これまでの地政学的な常識で言うと、「軍事力が強ければ、経済力も強くて、世界帝国だ」という話になり、アメリカは腹背に敵を持たず地理的にも有利だし、言いたい放題、やりたい放題ができていたということなのだ。

これはちょっと余談になるが、「北アメリカ大陸がバルカン化する」とか大騒ぎをしている人たちがいる。おもに白人のゴリゴリの保守主義者で、アングロサクソンのアメリカを再建することを夢見ているような人たちが、「将来のアメリカはこんなになっちゃうぞ」という脅しとしてもっともらしい地図までつくっている。

なかなかうがったところもある。たとえばカナダの中でバンクーバーだけは、中国系の都市国家として独立しちゃうだろうと予測している。これはけっこうありうる話だ。中国中の共産党幹部、人民解放軍の高級将校、大金持ちが大挙してバンクーバーに移り住んだら、当然市政を牛耳るぐらいのことはできそうだ。

ほかには、シカゴとデトロイトはどこも「こんなお荷物、背負い込みたくないから」という意味で、都市国家として独立せざるを得ないという予測も、かなり当たる確率の高い話だろう。

彼らが「アングロアメリカ国」というのは、現在のアメリカの地方区分で言うオハイオ州やイリノイ州などの中西部と、トウモロコシやジャガイモや小麦の主産地である平原州、そして東部海岸沿いでは北部の自由州と南部の奴隷州にはさまれて、南北戦争中は帰属がはっきりしなかった地域の寄せ集めだ。基本的にプアホワイトが多くて、特に製造業がラストベルト化してしまってからは、まっとうな産業はほとんど根こそぎ衰退してしまったようなところばかりしか残らない。これを白人の保守的な論客たちは、ものすごく懸念しているわけだ。

アメリカに残るのは、無意味な軍事覇権と、意味はあっても極小の農業覇権だけ？

保守派は、たとえばニューヨークとかボストンとかワシントンとかは、本物のアメリカじゃないと見ている。「これらの大都市に住む連中は、大西洋をまたいでヨーロッパにくっついているコスモポリタンで、アメリカ国民としては不届きな連中だ」と思っているような人たちとしては、本当に心細いだろう。東部海岸沿いの大都市には独立される、カリフォルニアにも独立される、テキサスの石油成り金にも独立されたら、アングロアメリカという国には貧乏な農村地帯しか残らないじゃないかと心配しているわけだ。

トウモロコシとジャガイモ、小麦、牛肉ぐらいは、世界覇権を維持できるかもしれない。だが、現代世界で、食料供給の覇権を握っても大した意味はない。だが、こうなる可能性は意外に高そうだ。しかも、この白人保守派の「未来懸念図」、奇妙にアメリカが軍事力を頼りに大陸国家にのし上がった過程の線引きと似ているのだ。ここにご紹介するのは、アメリカの領土拡大地図のほうだ（図表P20）。

アメリカの領土拡大地図は、もしアメリカが分裂するとしたら、割れるときにもこの拡大したかたちで割れるんだろうなという意味で、ちょっとおもしろい話になる。大英帝国が築いた13州植民地を核とする独立直後のアメリカ合衆国は、現在の4分の1ぐらいの領土しか持っていなかった。そのアメリカが、たった70年間で陸続きの48州をことごとく併呑したのは、戦争に勝って分捕ったか、戦争の脅しをちらつかせながら安く買い叩いた結果なのだ。

アメリカの軍事力が強くなりすぎて、強くなり過ぎたことがかえって経済性が落ちていることの1つの証拠として、第二次大戦後のアメリカの4大戦争の費用便益分析というデータがあ

今後、アメリカが分裂する可能性はゼロではない!?

アメリカの領土拡大地図（1783〜1853年）

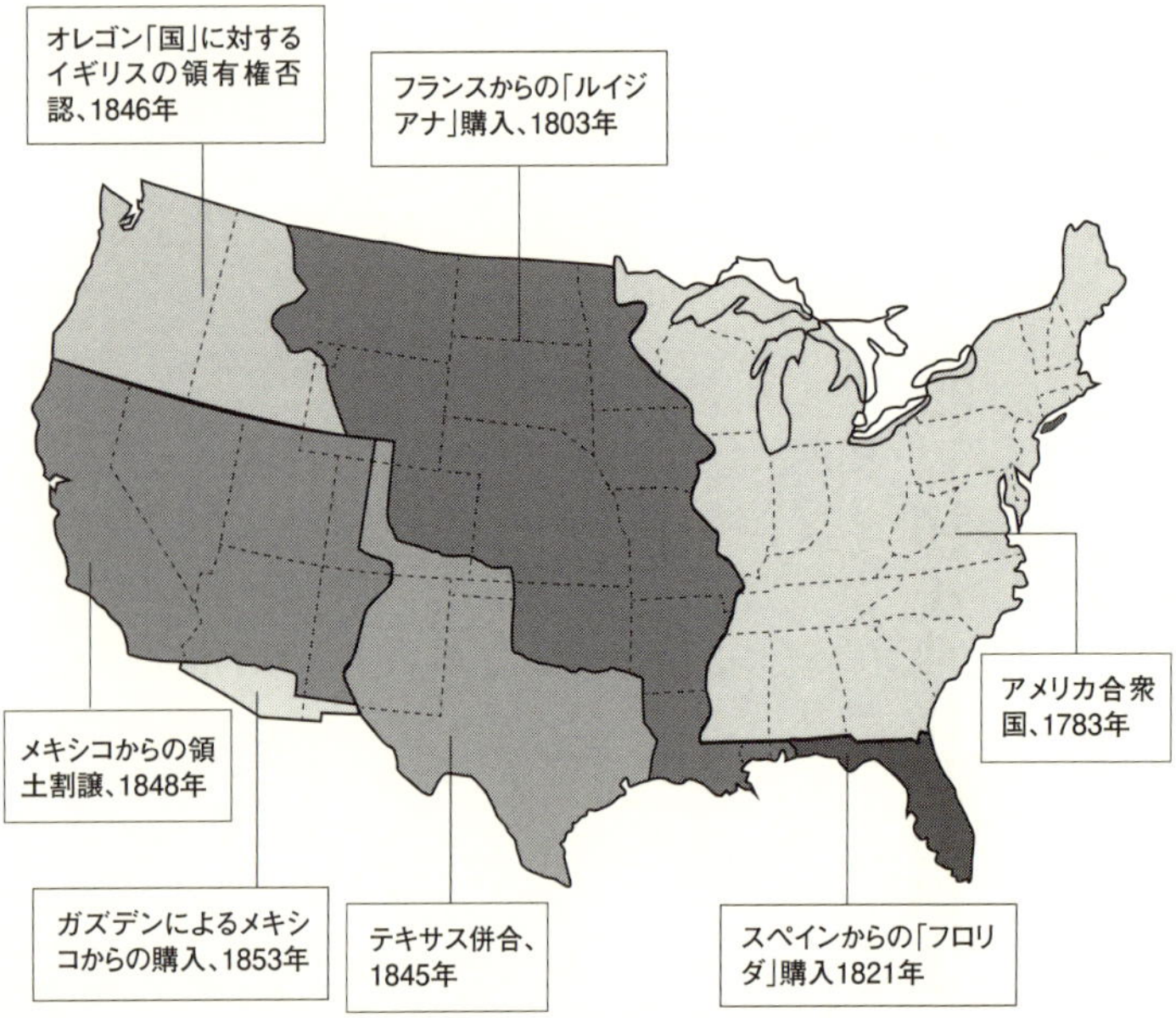

出所：ウィキペディア、「US Territorial Acquisitions」のエントリーより引用

不思議なほど論及されない事実だが、独立以降19世紀半ばまでのアメリカ経済の急成長は、戦争に勝って、あるいは軍事力の脅しをちらつかせて安く買い取って、領土や居住人口を拡大してきた影響が大きい。アメリカは明白に軍事帝国であり、兵営国家なのだ。

る。これを見ると、テロとの戦争だけで1兆7000億ドルにもなっている。これ自体もびっくりするような数字だが、これでほとんどなんの戦果も上がらないどころか、どんどん戦火が拡大しているだけなのだ。

もっとひどいのが貧困との戦争だ。これはジョン・F・ケネディ、リンドン・ジョンソンが大統領だった時代に「偉大な社会」と称して、べらぼうな金を使い始めたわけだ。延々とそれから費用は出し続けていて、累計が22兆ドル。とんでもない金額だが、これもまたアメリカの貧富の格差は、この貧困との戦争が始まってから、むしろ急激に拡大し続けている。

唯一の「戦果」は、アメリカをスペイン語とバイリンガルの国家にすることによって、スペイン語コミュニティで育った子どもたちを、ほぼ黒人と同様に一生下積み生活しかできない境遇に陥らせることだった。口を開けば英語のネイティブスピーカーとは明らかに違う英語を話すので、ヒスパニックとして差別され、下層階級に押しとどめられっぱなしなのだ。

16世紀以来の欧米による世界植民地体制の崩壊は、戦争の介在しない大転換となる

1500年代初め以来、約500年にわたって続いた体制が崩壊するというのに、その崩壊

は大きな軍事衝突が1つも起きないかたちで進行する。おそらく世界史上、類例を見ないような国同士の戦争をともなわない体制変革になるだろう。なぜか？

体制変革が起きたとき、今までの常識的な世界観、たとえば経済大国は同時に軍事強国であり、人口大国でもあり、国土の広い国でもあるといった固定観念が、本当にオセロゲームのように根本的にひっくり返される。そういう状態になる。

これから先、どういう国が有利か。

まず、軍事力は完全に無用の長物と化す。だから、そういうつまらないことに対する出費が少なければ少ないほど、本来の生産的な活動に経済資源を使えるから有利だ。

そして、国土の広さという問題も、従来とは反対になる。国土が広ければ広いほど有利という固定観念は、簡単に言ってしまえば、戦争をしたときに攻め落とされる危険が、広ければ広いほど小さいというだけの話だ。戦争のない世の中になったら、狭い国土の中に密集して人が住んでいるほうが、はるかに有利だ。密集すればするほどエネルギー効率も上がり、大転換の2本目の柱であるサービス業主導経済でのビジネスチャンスも広がる。

社会インフラも、人口が密集した国土の小さな国ほどていねいに整備される。しかも整備をする範囲が狭くて済むので、効率的な整備ができる。交通機関1つにしても、電車で通勤通学ができる人口密度を大都市圏内ではほぼ完ぺきに行き渡らせている国と、いちいち自動車というエネルギー浪費の化け物みたいなものを使わざるを得ない国とで、どちらが有利か。そういう話だ。

さらに、大転換3本目の柱として、人口の多い、少ないに関する価値観が変わる。これからは肉体労働だけではなく、一応頭脳労働とされていた事務系の単純作業のくり返しも、容赦なく機械化されていく。そういう時代には人口が多ければ多いほど、あまり技術的な能力の高くない人たちを大勢養っていかなくてはならないという問題があるので、少ない人口になるべく高い教育をほどこせる人口小国のほうが有利になる。

いわゆる一般事務職というのは、絶滅危惧種になる。そうなると、少産少死で少ない人数の子どもたちになるべく充実した教育をほどこして、単純作業を超えた能力を持たせることが必要不可欠になる。この点でも、貧富の格差があまりにも大きいアメリカや中国やロシアは非常に不利であり、中学卒業前後の年齢の子どもたちのあいだで国語、数学、理科の基礎的な学力が高い、中国をのぞく東アジア諸国が圧倒的に有利なのだ。

その意味で、西欧の出店であり、かつまた西欧植民地主義の一番いやらしいところを純化したようなかたちで受け継いでいる超大国アメリカの支配が終わったとき、どこが有利になるか。経済大国ではあるが、軍事小国であって、人口もどちらかといえば減少気味なので、機械化されてしまう単純作業従事者の生計の道をどう見いだしてやるかという苦労が一番少ない国。そして、かなり狭い国土の中でも大都市圏に人口が密集しているから、インフラ整備などが非常に安く効率的にできる国が一番強いということになる。つまり、日本だ。

世界の未来を決めるのは東アジア諸国だ

今や世界の人口の半分以上が、東アジアからインドまでの地表総面積の8分の1か10分の1程度の地域内に集中している。まず、P26の図表でインド以東アジア19ヵ国の人口グラフをご覧いただこう。

中国から台湾までの14ヵ国は、それぞれ単一項目として人口を表示してある。韓国とマレーシアに挟まれた5ヵ国は、どうやらスリランカ、カンボジア、ラオス、シンガポール、東ティモールを指すようだ。インドより西という明瞭な理由によって、パキスタンやアフガニスタンは入っていない。また、ロシア領シベリアの人口が算入されないのも当然だろうが、どうやらモンゴルの人口も除外されている。その理由は不明だ。つまり、この19ヵ国、37億7758万人は、過小推計である可能性は高いが、まず過大推計ではない。

しかもヨーロッパや南北アメリカ大陸も大都市は、人口密度がある一定の限界（おそらく50〜80万人）を越えると、とたんに暴動が起きたりして危険な状態になる。東アジアでは、どんなに人口密度の高い大都市ができても、暴動はむしろ都市のほうが少ない。東アジアには最大級の人口を擁する大都市圏が密集している。

なお、P27の地図ではインドに隣接しているがパキスタン領のラホールも1000万人級の大都市として列挙されている。ただ、インド以東という基準を厳格に適用した大都市圏ということで数え直しても、世界37大都市圏中の21はこの定義に当てはまるので、大した差はない。

ヨーロッパや南北アメリカ大陸、そしてアフリカ大陸でも、「人口が密集していれば、治安は悪い」というのが、とおり相場だ。たまに、「人口が密集しているにもかかわらず、治安状態は良い」と言える都市もちらほら存在するという感じだ。だが、東アジアでは近代以前から、とうていヨーロッパでは維持できそうもない大人口が都市に寄り集まって平和に暮らしてきた伝統がある。そもそも東アジアの人間のほうが、人口が密集して住むことに、大昔から慣れているのだ。

東アジアでは、なぜ大人口が平和に共存できるのか?

中国文明を、たとえばエジプトやメソポタミア、インドなどの文明と比べると大きな差がある。その一番大きな差は、中国には何千年もの昔から、かなりの人口の密集した都市国家があ

いずれは東アジアが地上最大の影響力をふるう経済圏となる

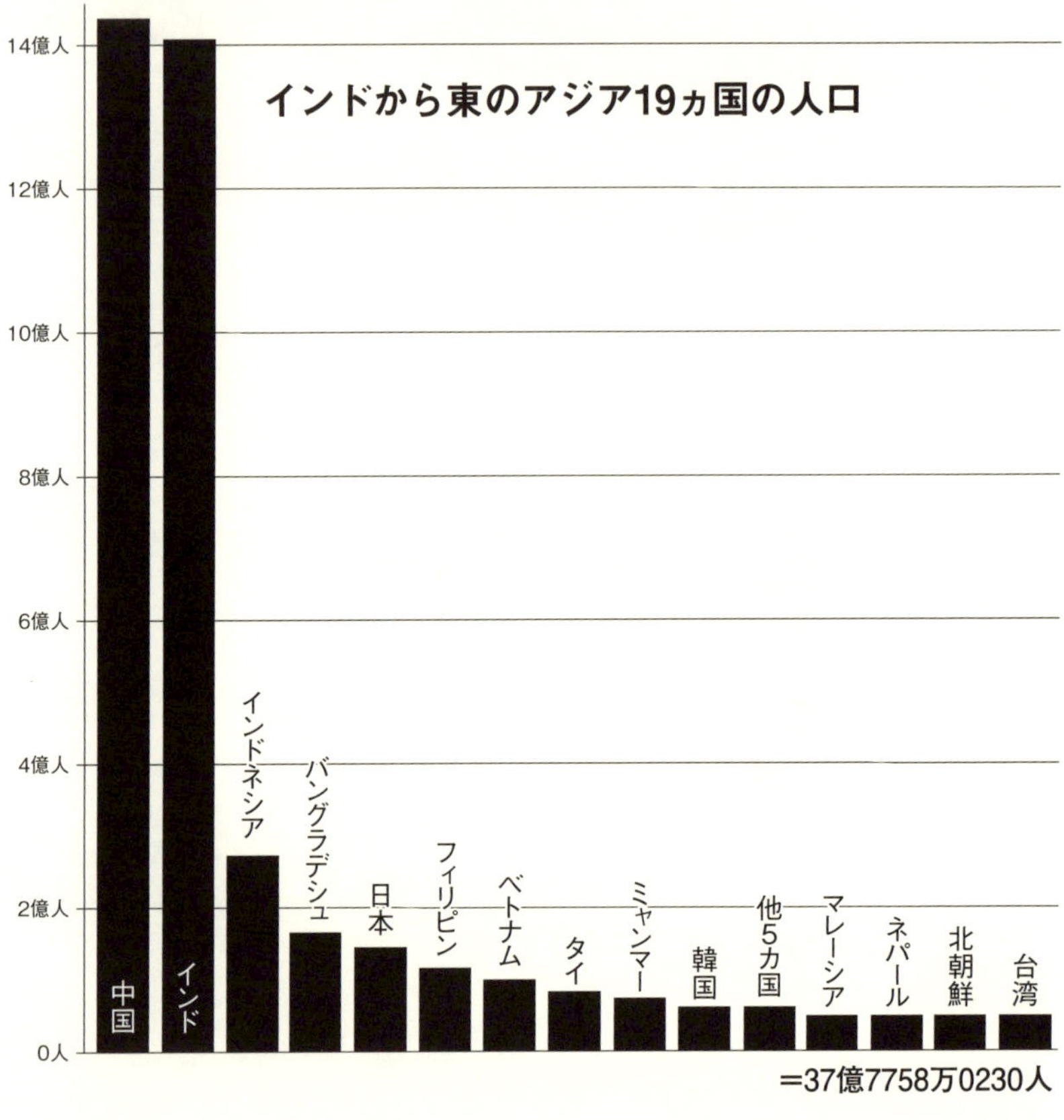

世界の人口の過半数は、東アジア、東南アジア、そしてインドに集中している。また、インドやバングラデシュはともかく、東アジアには初等・中等教育がもっとも均等に行きわたった知的能力の高い大衆が暮らしている。これが、東アジア圏最大の強みだ。

世界の大都市圏の過半数もこの狭い地域に集中している

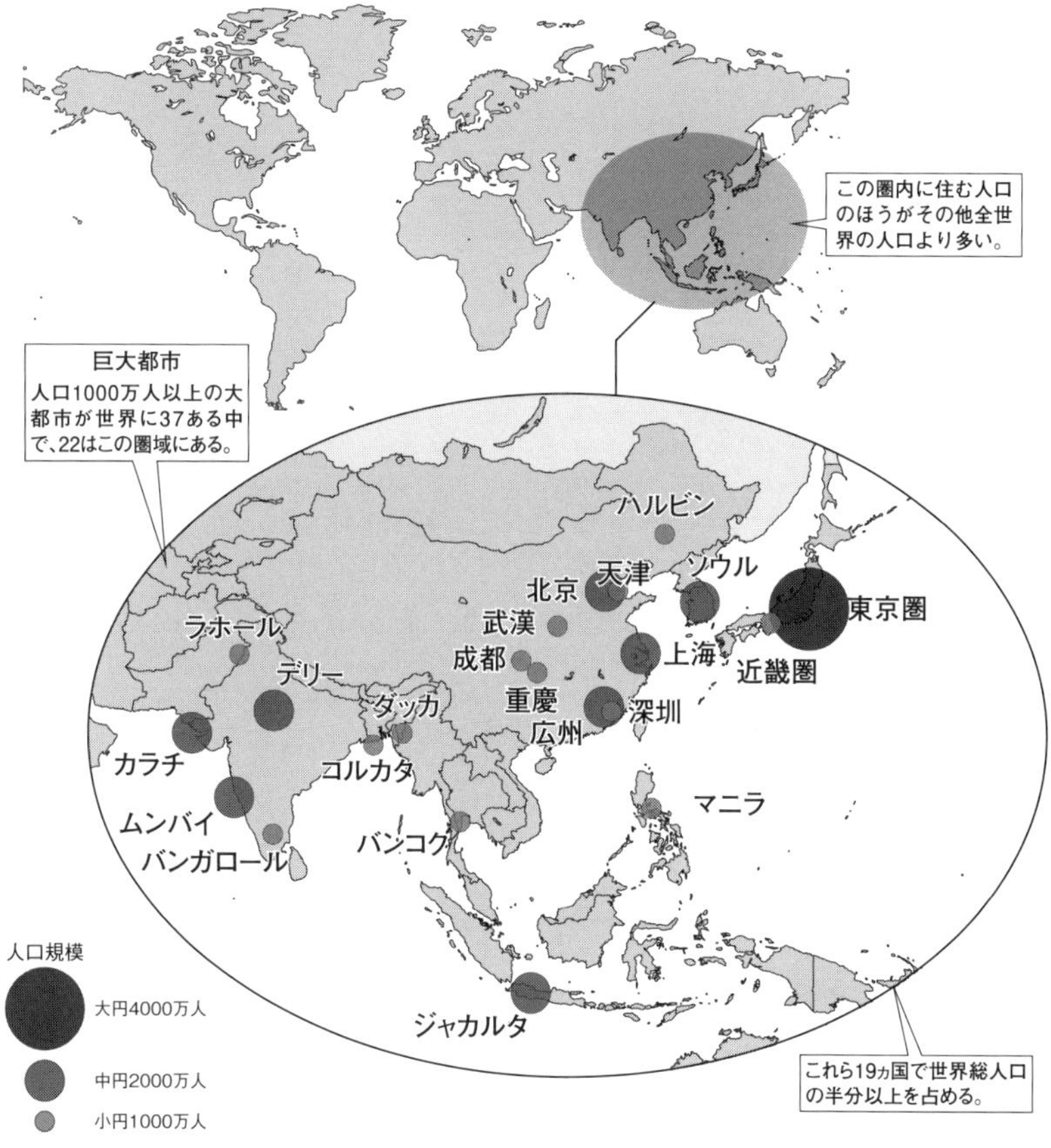

原資料:ウィキペディアのデータをVisual Capitalistが作図
出所:左右ともウェブサイト『Big Picture』、2016年10月6日のエントリーより

人口規模1000万人以上の大都市圏は世界に37しかないが、そのうち22が東アジアからインド周辺までに集中している。しかも、南北アメリカ大陸やアフリカにつきものの、大都市化と治安の悪化が並行して進むという弊害が、ほとんどない。

り、しかもその都市国家の内部はだいたいにおいて平和だったし、中世からは郊外に人が定住できるほど平和を維持できる居住地域が広がっていたという事実だ。

エジプトと違い、中国の都市国家は城壁で囲まれていたから平和だったという指摘もある。だが、エジプトの王宮都市に城壁が要らなかったのは、ナイル沿岸以外には農耕地も可住地域もほとんどなく、そのナイル沿岸を統一した政権が早くから成立していたからだった。

そして、ヨーロッパは城塞都市発祥の地であるメソポタミア直系の、武骨で実用的な城壁に囲まれた都市だけが農民以外のほとんどの人々、王侯貴族、高位聖職者、騎士、従者、職人や商人に生活の場を提供していた。城壁の外はそれこそ強盗や追剥ぎが出没するところで、安全に住めるところではなかった。ヨーロッパでは、農民でさえも夜になると城壁の中に帰って暮らす人がいたように、城壁で守られていないところは危険で、何が起きるかわからないところだったのだ。

いつ敵軍が侵略してくるか、いつ野盗団に襲撃されるかわからない土地に進んで住みつこうとする人間はいない。したがって、ヨーロッパには中世末期まで郊外という概念そのものがなかった。これがヨーロッパ系の文明圏である。メソポタミアからヨーロッパまで、基本的には同じだ。

一方、中国の城壁はヨーロッパの城壁に比べると、はるかに脆弱で様式的なものだった。そして少なくとも、唐代末か宋代の初めには郊外が安全な生活の場として確立されていた。中国の平和と安全は城壁によって保たれていたのではなく、ヨーロッパ諸国が中世半ばの殺伐とした戦乱に明け暮れた時代にも、郊外で安全に暮らしていけた国なのだ。

インドは非常に微妙なケースで、ドラビダ族という、今はもう南インドのほうに追いやられてしまった先住民族は、とても平和主義的で温和で、大きな都市文明をほとんど城壁なしに築いていたらしい。初期のインダス文明やガンジス文明を象徴する遺跡は、城壁ではなく大浴場だった。

ところが、言語系統としてはインド・ヨーロッパ語族と言われ、人種的にはアーリア人種と呼ばれる連中が侵略してきて、インド亜大陸を制圧してしまった。ドラビダ族を基本的にはセイロン島と南インドの先のほうへ追いやってしまってからのインドは、城壁も非常に頑丈になり、征服民と被征服民にあいだに厳格な身分制度が確立された。そして、大都市の中はかろうじて平和だけれども、一歩外に出れば、追剝ぎ、強盗が跋扈《ばっこ》する殺伐としたところになってしまった。

ヨーロッパは異常に好戦的な国家群がひしめく辺境だった

ヨーロッパもまったく同じで、昔から住んでいたガリア人やバスク人、またイタリアで言えばエトルリア人などは温和で優雅で、生活を楽しむ人だった。そこに、北からゲルマンやノルマンなどが攻め込んできた。この連中が、インド・ヨーロッパ語族であり、アーリア人種なのである。彼らは、復讐心、征服欲、略奪願望の化け物みたいな連中だったので、本当に戦争ばかりしている、すさんだ国々をつくってしまった。

これは私の憶測だが、人類がアフリカで誕生し、そのアフリカを出て延々とユーラシア大陸をまたぎ、南北アメリカ大陸やオセアニアの島々にまで繁殖していったとき、ユーラシア大陸の、経度で言えば、ちょうどヨーロッパと日本との中間あたり、緯度ではかなり北の北シベリアに、「こいつらは、足手まといだから置き去りにしよう」と捨てられていった連中なのだろう。だからこそ、のちにインド亜大陸やヨーロッパに侵入したとき、あれほど復讐心や略奪欲、征服願望の権化になったのだとしか思えない。

とにかく、そういった化け物のような連中がヨーロッパを支配していた。だが、幸いなことに15世紀半ばまでは経済力も小さく、軍事力も火薬が本格的に実用化されるまではあまり強力ではなかったので、おとなしくしていた。

火薬が中国から渡り、銃砲の開発技術が普及した頃から、ヨーロッパが世界を征服し始めることになる。それは、たとえば文明全体として科学的な知見を技術に応用する実験の積み重ね、つまりは機械技術を尊重する気風が広まったことなど、いいこともいろいろある。しかし、悪いことも非常に多かった。西欧諸民族による世界征服という殺伐とした世の中が、結局は15世紀末から20世紀終わりまでの実情だった。

軍事力で興隆したアメリカが、軍事力の強大さゆえに没落する

そこから突如と言えば突如なのだが、あまりにも軍事力と経済力がアメリカに集中しすぎてしまい、第一に軍事力でアメリカに正規軍で正面から立ち向かう国が全然存在しなくなってしまった。その結果、アメリカでもソ連（現ロシア）でも軍事力が単純に利権の巣窟になってしまったあたりから、アメリカの没落が始まっていく。第二次大戦後、朝鮮戦争、ベトナム戦争と、戦争をやればやるほどドロ沼に引きずり込まれていくようなかたちになっていった最大の理由は、結局のところアメリカだけが強くなりすぎてしまったことにあるのだ。

現代の戦争は、宣戦布告をして正規軍同士が正面から敵国の将兵の命を奪い、資産を破壊し、

耐えきれなくなった側が降伏するという形態をとることはほとんどない。たいていの場合、正規軍の集団であるアメリカとその同盟軍に対峙するのは、ゲリラやテロリストのような非正規軍だ。5ドル、10ドル程度の費用でつくった手製爆弾、手製地雷などで、簡単に日本円で数千万円、数億円、数十億円の近代兵器に巨額の損害を与えることができ、自分たちにとって形勢が悪ければ、身を隠すこともできる。

なぜ簡単に身を隠せるかと言えば、アメリカが武力で進出をした国々のほとんどで、ゲリラ軍やテロリストでさえかくまう心情が広範に共有されているからだ。南ベトナムは旧宗主国フランスが移植したカトリックと、土俗信仰と融合した仏教が支配的な国で、キリスト教国一般に対する反感はあまり強くなかった。それでも、国民の多くが「アメリカはフランスの代わりに宗主国として居座ろうとしているのではないか」という不安や疑惑を抱いていた。

イスラム教徒が人口の大多数を占める中東から北アフリカや西アジア諸国に、いまだに大統領になるには聖書に手をかけて宣誓しなければならないほど政教分離の遅れたキリスト教神政国家、アメリカが軍事力を頼りに乗り込んだらどうなるか。国民感情は不安とか疑惑とかの生やさしいものであるはずがない。嫌悪や憎悪といった敵対意識をむき出しにするに決まっているのだ。

アメリカとその同盟軍側は「象撃ち銃でアリを仕留めようとする」ような、窮屈でカネも時間もかかる割に成果の上がらない戦闘状態を維持するのか、撤退してしまったほうが得ではないのかというかたちで国民世論も分裂する。

それでも、ソ連東欧圏という対抗勢力がいた頃は、軍需産業もあまりに露骨な利権追求はできなかった。しかし、ソ連東欧圏が存在しなくなった今、本当にまったくの無用の長物と化しているのに、利権だけは化け物じみた膨張が止まらなくなっている。むしろ、無用の長物だからこそ、政治家を利権で取り込んでしまわなければ、軍備にかける予算などどんどん削減されるだろう。また、アメリカの政治体制自体が、利権のやりとりを公然と合法的な政治活動として許す仕組みになっている。だから、腐敗が社会全体に浸透していって、もう自滅寸前になっている。

アメリカの政治は、世界中で法治国と言える国であれば贈収賄と考えられるようなことを、平然と毎日毎日やっている。その専門家がロビイストと称し、連邦議会に登録して、四半期ごとに財務諸表をきちんと提出していれば、議員とか高級官僚とかに賄賂を贈っても正当で合法的な政治活動だということになっているのだ。それでいいということになれば、誰でもやり放題だ。結局は金をかき集められるところは、どんどん利権を拡大強化していくし、そうでない連中は、どんどん悲惨な生活に追いやられていく。21世紀初頭の今、アメリカはまさに「末世」という表現がふさわしい世相になっている。

ヨーロッパの中で比較的公正な社会観を持っている人たち、知識人の一部は、このアメリカの惨状を認識している。しかし、日本は知識人全体がいまだに第二次大戦の惨敗ショックから立ち直れずにアメリカ崇拝を続けているので、そういうまともな議論ができない。「アメリカこそ、世界史上最大の利権国家だ」といった当たり前の事実の指摘が、まるで珍しいことを言っているように聞こえてしまう社会風土が、もう70年にわたって存続しているのだ。日本の知識人諸氏にこの考え方を改めていただくのは、かなり大変だろう。

ほんものの植民地解放がやっと始まる

しかし、日本の知識人たちの世界認識がどう変わろうと、変わるまいと、かれこれ500年あまりにわたって続いた世界体制の大変革がいよいよ始まる。これでようやく日本の戦後も終わるだろう。まあ、4~5世紀にわたって続いた植民地支配に耐えてきたラテンアメリカやアフリカ、アジアの中国、日本以外のほとんどの国々に比べれば、たかが70年ひれ伏していただけなので、そこまで自尊心は棄損されてもいないと思いたいが。

アジア、アフリカ、ラテンアメリカの人たちは、今でも世界中のあちらこちらで「おたくの国の宗主国はどこだったの?」と、文化や文明の伝統を確かめる挨拶代わりに聞くそうだ。それぐらい植民地根性が染みこんでいる。

たとえば日本人が、「我々は1度も植民地として支配されたことはない」と言うとびっくりされるという話だ。1度も植民地として支配されたことがないかというと、戦後の日本は大いに疑問だ。しかし、たかだか70年、1世紀に達していないのだから、まだましなほうだろう。

南米やアフリカの大部分の国には、1500年代初めから征服され、略奪され、虐殺されていく暮らしを400年、500年続けてきた人たちがいる。彼らが本当に自立するためには、大変な本人たちの努力が必要だ。経済環境も非常に厳しい。

南北アメリカ大陸には大量にアフリカ人を連れて行って、そして混血までさせている。北米でも、現在のメキシコや、アメリカ合衆国カリフォルニア州からテキサス州、フロリダ州にいたるまで元々スペインの植民地だったことを忘れてはいけない。

しかし、それは考えようによっては、スペイン、ポルトガルの甘いと言えば甘い、良心的と言えば良心的なところだ。スペイン、ポルトガルは、基本的にどこの原住民であれ、カトリックに改宗さえすれば、人間の魂を持った存在であることを認めていた。

おそらく人類史で初めての200年覇権国家、大英帝国の植民地支配は苛烈だった

ところがイギリス人は、改宗しようと何をしようと、アジア人やアフリカ人、南北アメリカの先住民は、基本的に人間としての存在を認めていない。オーストラリアやニュージーランドが一番いい例だ。先住民はほとんど皆殺しにしてしまった。オーストラリアでは、細々と残っている先住民も意図的にアルコール中毒にして、昔のことばで言えば禁治産者、現代用語では要後見人の状態に陥れて支配を続けてきた。アメリカでは、多くのネイティブ・アメリカンが虐殺され、現在のアメリカ総人口中のネイティブ・アメリカンの比率はわずか1%程度だ。

特に大英帝国の悪質さは注目に値する。着脱自在な植民地を世界のあちらこちらに所有して、都合が悪くなれば、アメリカみたいに丸ごと放り投げてもいいようにしていた。それで大英帝国全体の世界ネットワークが弱るかというと、むしろその後のほうが強まったのだ。そのへんのやり口が巧妙と言えば巧妙だ。損切りがうまい国なのだ。

しぶとく200年間、世界覇権を維持し続けた国というのは、実はおそらくイギリスが最初で最後になるのではないだろうか。明らかにイギリスは18世紀初頭から19世紀末か20世紀初め

ぐらいまで、約200年間にわたって世界覇権を維持してきた。

よく言われるローマ帝国は、実は田舎帝国であり、ペルシャと戦争して勝ったことはない。ギリシャは2回フロック勝ちしたことがあり、それをいまだに誇りにしている。ローマはペルシャと戦争するたびに負けていた。だからこそ、ローマの偉大な軍人、将軍の戦記は、『ガリア戦記』を書いたシーザーを初めとして、ケルトやゲルマンの蛮族相手の戦記は書いているが、ペルシャ戦記を書いた人はほとんどいない。負け続けだからだ。

ローマ人は、相手が自分たちよりはるかに文明で遅れている連中なら、非常に寛容に「おまえたちもきちんとローマの法律を守り、おとなしくしていれば、ご褒美にローマ市民権をやるぞ」という態度を取った。しかし、本当に生死をかけて戦った相手には対しては、ほぼ完全に殺戮している。ローマよりはるかに昔からイタリア半島に延々と根付いていたエトルリアは、実に優雅な文明圏で、しかも土木技術などはほとんど全部エトルリアからローマがいただいたものばかりだ。ローマがエトルリアを滅ぼしたときには、残っているエトルリア人はほとんど1人もいないぐらいに虐殺した。

ローマがポエニ戦争を3度もやってカルタゴを滅ぼしたときも、完全に消滅させた。だから、ローマ人が寛容で、征服者として非常に被征服民を暖かく受け入れてやる文明だったなどという議論は、大ウソだ。それは、相手が明らかに文明で自分たちに劣っているときの、上から見下した態度であり、生き死にをかけた戦争をやった相手は完全に虐殺し尽くしている。

近現代世界史は84年サイクルで動いている

話を戻すと、結局200年間続いた世界帝国は大英帝国だけだ。

アメリカは見方によるのだが、名実ともに覇権を確立したのは1930年代大不況以来のことなので、やっと85～86年だ。イギリスの前に経済覇権を確立したオランダの場合は、1637年の大恐慌で覇権を得て、1720年、イギリスとフランスに同時にミシシッピバブルと南海の泡沫が起きたときに覇権をイギリスに譲り渡した。だから、これもやはり83～84年だ。

だいたい歴史は100年単位で転換するという印象を持っている人が多いと思うが、最近、非常におもしろい発見をした。株式チャーチストの中に、世界経済は84年周期で回っているという新説を唱えている人がいる。これが、意外にぴったり当てはまりそうなのだ。前回は1932年を危機のピークとして、その前後の20年間、つまり1922～42年が危機の時代だった。今回は2016年を危機のピークとして、その前後20年、つまり2006～26年が危機だとしている。ここまでは、どちらかと言えば常識的なものの見方だろう。

私が一番感心し、これは確かに経済史のまっとうな読み方だと思ったのは、その前のサイクルの解釈だ。1930年代不況の前の大不況は、1873〜96年と延々四半世紀にわたって続いた大デフレ時代だとする人が多い。これが固定観念として定着している。

だが、通説では「大不況時代」と言われている1873〜96年の時代は、確かに大デフレ時代だったが、一般庶民の勤労所得の実質上昇率が一番高かった時代なのだ。イギリスでも、アメリカでも、ドイツでも、この時代に急速に工業化が隅々まで浸透し、以前は悲惨にこき使われていた工場労働者が人手不足だから名目賃金はまったく下がらないのに、消費者物価のデフレが続いたので実質生活水準が急上昇して、一般労働者がすばらしい生活水準の向上を達成した時期だった。

具体的なデータが証明する1870〜90年代の繁栄と、中国の平和性

こういう世間の通説と正反対の議論は、やはり具体的なデータを示さなければなかなか信用していただけないだろう。大英帝国が衰退期に入ってからの世界経済をリードした5ヵ国では、いつ「高度成長」とか「離陸」とか呼ばれる経済の急拡大が起き、その時期にこれらの国々はどんな特徴を持っていたのかを考察した研究がある。

創刊は1970年と意外に新しいが、すでにアメリカにおける外交と国際経済に関する老舗雑誌にのし上がった『Foreign Policy』誌のウェブサイトから重要なポイントを拾い出して再構成したのが、P41の図表だ。

大英帝国が落ち目になってから勃興した5大国が、それぞれピカピカの新興勢力として一番世界経済に占めるシェアを急激に拡大したのはどの30年間だったのかを示したのが、下段のグラフだ。一見しておわかりのとおり、5大国のうちアメリカとドイツはまったく同じ1871〜1900年に世界経済に占めるシェアをもっとも大きく伸ばしていた。

1世紀半もの長期にわたる大英帝国衰退期に勃興した5大国のうち、2ヵ国が同じ30年間に経済力をもっとも顕著に伸ばしていた。アメリカで言えば9%から16%へ、そしてドイツで言えば7%から8%台の半ばへといったところだ。ドイツは、1961〜90年に絶頂期を迎えた日本に比べると、なんとも地味で見劣りがする。だが、これは人口で言えばピークでも世界の2・5%程度にとどまった日本の約7・5%から13%弱へという成長があまりにも華々しかったというだけのことで、人口で言えば日本の半分程度のドイツとしては、立派な実績なのだ。

なお、ソ連だけは1951年に世界経済の10%弱で登場して、1975年までほぼそのままの横ばいから微減に転じただけなので、この時期に成長がもっとも華々しかったという定義に当てはまらないように感ずる。しかし、第二次世界大戦でもっとも甚大な被害を受けたソ連は、

中国の成長は驚異的なスピードで進んだ

大英帝国衰退期5大国が隆盛への30年間に達成した成果

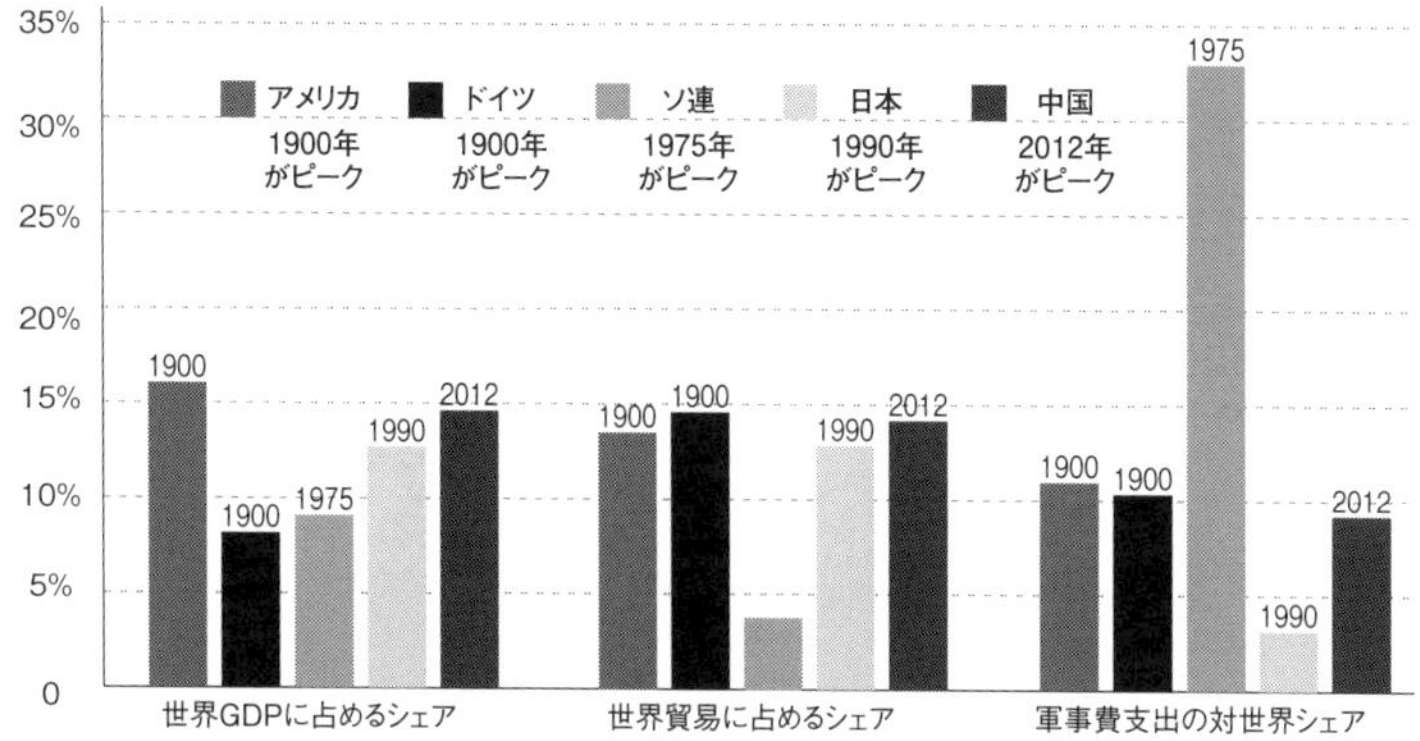

5大国「隆盛への30年間」の世界GDPシェア

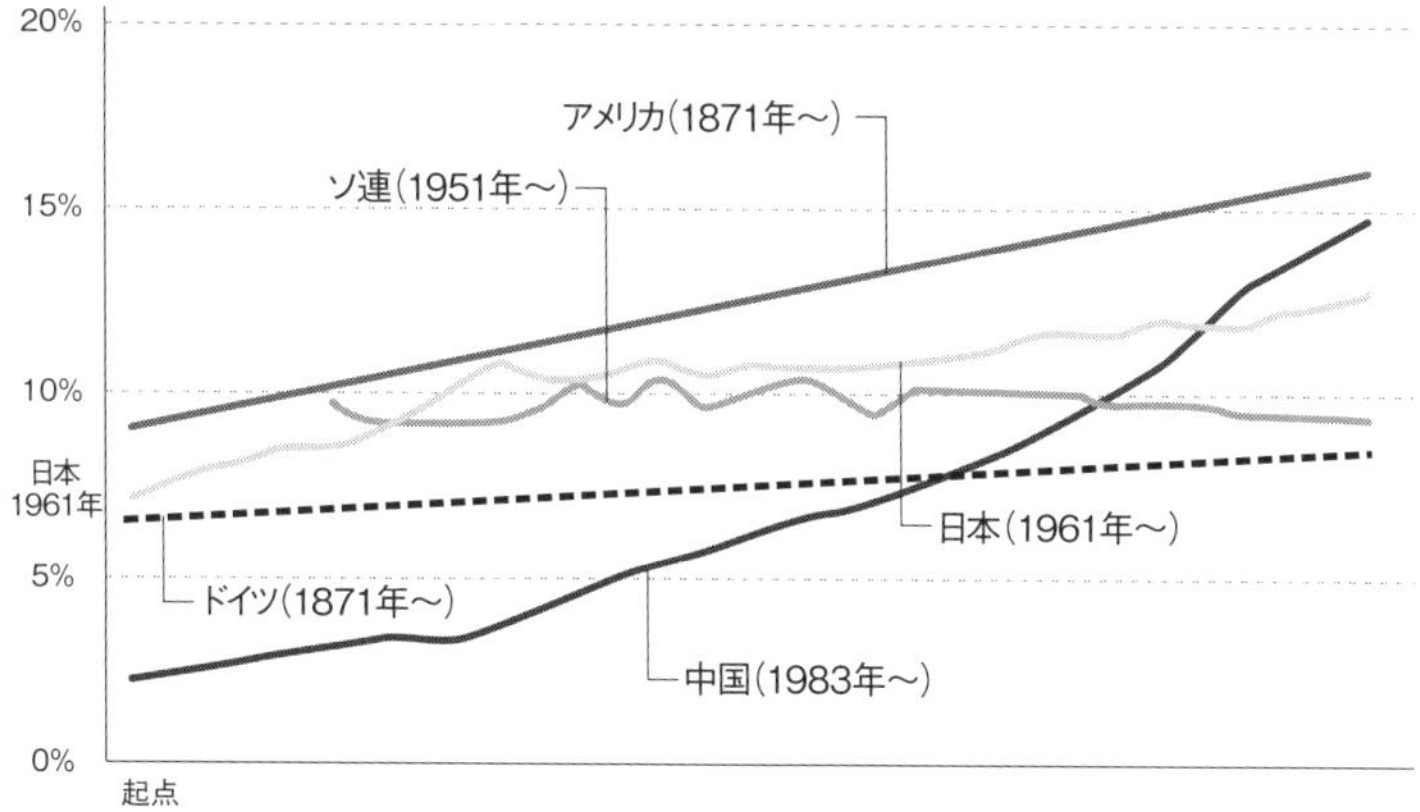

原資料:Foreign Policyウェブサイト『Tea Leaf Nation』、世界銀行、ストックホルム国際平和研究所
出所:ウェブサイト『Foreign Policy.com』、2014年5月16日のエントリーより引用

下段を見ると、高度成長期の中国はアメリカ、ソ連、ドイツ、日本の高度成長期以上に急激な世界経済に占めるシェアの拡大があった。しかし、上段右を見ると、その割には軍事力における中国の世界シェアは低く、ソ連とはまったく違う国だということがことがわかる。

終戦直後にはおそらく世界経済の5％にも満たないシェアだったところから、1951年には10％弱へと、まさに奇跡の復興を遂げたのだ。ただ、肝心の1946〜51年の経済統計が、初めから集計できなかったか、政治闘争などとの関連で散逸してしまったかで不明のままなので、こういう中途半端な印象になっているというだけのことだ。

しかし、冷戦期のピークということもあるが、そのソ連の世界経済に占めるシェアが10％にも達していなかった1975年に、軍事費支出額だけは32〜33％と超絶の軍事帝国アメリカと互角で張り合っていたというのは、やっぱり人類史に残る汚点だろう。ソ連国民がしょいこんだ軍事費負担は、世界の平均値の3倍を超えていたのだ。国民が慢性的に経済的な疲弊状態に追い込まれていたのも、まったく不思議ではない。

その点、戦後平和憲法のもとで再出発した日本は、急成長期の終点だった1990年に世界経済に占めるシェアが13％に上がっていても、軍事費支出のシェアはわずか3％と、世界の経済大国の歴史の中で燦然と輝く低さだった。なお、日本のGDPの対世界シェアは、この4年後の1994年にはさらに18％へと高まっていた。（1965〜94年の累計成長率は1961〜90年より低かったので、ここでは後者の期間が採用されている。）その1994年にも、日本の軍事費支出はやはり世界の3％前後で済んでいた。こんなに安上がりですばらしい憲法をなぜ捨てようとする人たちがいるのだろうか。

軍需産業の代弁者になっている人たちと、残念ながら狂信的な平和主義者になってしまった人たちのあいだに、奇妙な共通点がある。それは、つねに「今は昔より戦争のリスクが高い。今後はもっと高まる」と主張しつづけていることだ。だが、冷静に考えていただきたい。朝鮮戦争があり、ベトナム戦争があり、アフガン戦争があり、イラン・イラク戦争があった時代より、現在のほうが「戦争のリスクが高い」などということがあるだろうか。

もう1つ軍備がムダ遣いに終わることを示唆する有力なデータが、今や世界第2位の経済大国にのし上がった中国が、軍備については過去の経済大国よりずっと抑制的な姿勢を取っていることだ。この点についても批判する人が多そうだ。だが、2012年に成長のピークに達した中国は、世界経済に占めるシェアは成長絶頂期のアメリカに次ぐ2位の15%弱、世界貿易に占めるシェアも成長絶頂期のドイツに次ぐ2位の約14%となっていたのに、軍事費支出のシェアは日本の次に低い4位の10%未満にとどめているのだ。

このへんからも、東アジア諸国はやはり欧米諸国より平和志向が強いと言えそうな気がする。

イギリスの世界制覇が絶頂に達した1838〜58年が、資本主義退潮の始まり

それでは、1930年代大不況の直前のほんものの不況はいつだったのだろうか。

1932年から84年さかのぼった1848年を頂点とした1838〜58年の20年間こそ1930年代大不況の前の大不況だったというのが、84年サイクル説のポイントだ。1848年はフランスでもドイツでもオーストリアでも革命が挫折し、確かにかなり悲惨な生活苦がヨーロッパで蔓延した時期だ。

同時にその前後の20年間は、イギリスが大英帝国としての頂点に達しつつあった時期でもある。オスマントルコ帝国から独立したエジプトに肩入れして、北アフリカ・中東支配の基盤を固め、ムガール帝国を滅ぼしてそれまで東インド会社にゆだねて民営化していたインド植民地の直接統治に踏み切り、2度のアヘン戦争で大清帝国に多くの港を開かせるといった、ユーラシア大陸3大帝国の没落と大英帝国の隆盛を決定づけた20年間だった。

イギリスは、この時期までインド亜大陸の植民地経営を東インド会社に任せて、民営で行っていた。正面から征服戦争を仕掛けても勝てそうもないので、勅許状でインドとの交易関連諸

事業に関する独占権を与えた東インド会社に、ムガール帝国の徴税代理人とか反乱の鎮圧とかの汚れ仕事をさせて、巧みにムガール帝国支配層に取り入っていた。1857〜58年に起きた「セポイの乱」とも呼ばれるイスラム教徒傭兵を中心とする大反乱の鎮圧を機に、完全にムガール帝国を滅亡させて、イギリスが名実共に世界の支配者になったのが、この時期だった。

実はイギリスの正式名称は、スコットランドの主権を借金のかたに取り上げてしまった時期から今に至るまで、一貫して連合王国だ。ただ、自分たちは大昔から「我が国はエンパイア、帝国である」と自称し続けてきた。ヨーロッパ大陸の人たちは、全然そんなことは認めずに「あれはイングランドがスコットランドを金で騙して買収した連合王国だ。その後、アイルランドの植民地化には成功したけれども、他には全然植民地も持っていない。帝国ではない、連合王国にすぎない」と言っていた。しかし、ビクトリア女王が、ムガール帝国を滅亡させたときに名乗り始めた称号が「連合王国のクイーンであると同時に、インド帝国の女帝（エンプレス）」だった。

また、1858年からたった3年後の1861年に南北戦争が起きているという事実も見落とせない。南北戦争とは、何をめぐる戦争だったかというと、南部の奴隷制を維持したいという州が、アメリカの憲法をきちんと解釈すれば「合衆国とは州を独立国として、その独立国同士の同盟みたいなものだから、これは離脱することは可能だ」という論拠で起こした戦争だった。法解釈で言えば、そのほうがはるかに素直な法解釈だ。合衆国憲法のどこを見ても、州はステイト、つまり国家であると言っているわけであって、だからこそユナイテッド・ステイツ・オブ・アメリカと言っているのだ。

また、連邦下院ではあれほど有権者数に応じた議員数の確保に神経質になっているのに、上院では人口とはまったく無縁に、1州から2人ずつ上院議員を選ぶ慣習が今でも維持されている。これは、独立国同士の大使の交換や、友誼同盟への代表者派遣と考えなければ、理屈に合わない。

にもかかわらず、それを強引に押さえ込んだのがリンカーンだった。彼は別に奴隷制が存続するかとか、廃止されるとかには、まったく興味がなかった。ただただ全州を一括して支配をしていないと、たとえばヨーロッパにつけこまれて、アメリカの独立が危うくなるという危機感から、強硬に南部の独立を阻止したのだった。もちろん、開戦後はなんとか介入しようとするヨーロッパ諸国の策謀を封じるために、「奴隷解放」という大義を掲げた戦争だと主張することに外交的な意味があったわけだが。

逆に言えば、いつでもいくつかの州がグループとして寄り集まって、「アメリカ合衆国から抜けます」と宣言する法的権利は有しているはずだ。したがって、すでに説明したとおり、地上のどの国も軍事的に制圧することはできないアメリカが、内部分裂で崩壊する可能性はある。

イギリスのインド支配はきれいごとではなかった

大英帝国が名実共に帝国になったのは、この1858年にムガール帝国が滅亡し、イギリスがインド亜大陸を直接統治するようになった時期だった。ここでもまた、非常に画期的な歴史の転換があった。この頃、インドの国民所得がすさまじい勢いで減っていたのだ。それまで、インドは世界中で一番綿工業が発達していた国だったが、家内生産か、零細規模の企業経営による手工業だった。

それをインド征服の前後に、次々に謀略的につぶしていき、手工業が壊滅して自国内で使い道のなくなったインドから安く買った綿花を自国で紡績し、綿織物にして高く売りつけることによって、イギリスの産業革命が飛躍的に進展したわけだ。P49の図表をご覧いただきたい。1820年には世界GDPの20％強を産出していたインドが、第一次世界大戦直前の1913年にはわずか4％に落ちぶれていく。

そういう象徴的な時代であると共に、イギリスはこうして生活の道を奪ったインドの綿工業に従事していた膨大な人口を使って、阿片を栽培させた。そして、中国に売りつけて、中国の半植民地化に乗り出した。たとえば、香港を占領するというようなことのきっかけにしたわけだ。

再度P49の図表にご注目いただきたい。イギリスでは第一次産業革命がほぼ終わっていた1820年でさえ、世界で一番生産力も高いし、富を蓄積していたのは世界経済の30％を占めた大清帝国で、2番目が20％強のムガール帝国だった。

あらためて、世界各地域の経済力比較を確認しておこう。たとえば1820年は、左から4番目の4本の棒グラフセットで、左からヨーロッパ、中国、インド、アメリカの順で並んでいる。我々は、1820年というともう完全にヨーロッパの世界制覇が終わっている時期だと考えがちだ。だが、経済力で見たら、まだまだ中国が1番、インドが2番で、ヨーロッパ全部合わせても、インドにも達しなかったのだ。

この状態が劇的に変わるのは、1820年から1913年のあいだのことだった。つまり、ナポレオン戦争直後から第一次大戦直前のうちのどこかで起きた変化ということになる。この期間にヨーロッパの経済力が圧倒的に高まった一方、中国、インドは新興のアメリカ1国にさえ抜かれてしまうというほど経済力が落ちていたわけだ。これは絶対に、地味な経済活動の発展の結果というようなものではなく、明らかに諸外国を征服することにおいて、ヨーロッパが最強で、アメリカが次に強かったというだけの話だ。

おそらく、1840〜42年に（第一次）阿片戦争が勃発し、ともに1856年に起きたアロ

諸外国を征服して欧米は発展してきた

世界各地域の経済力比較(1000〜2010年)

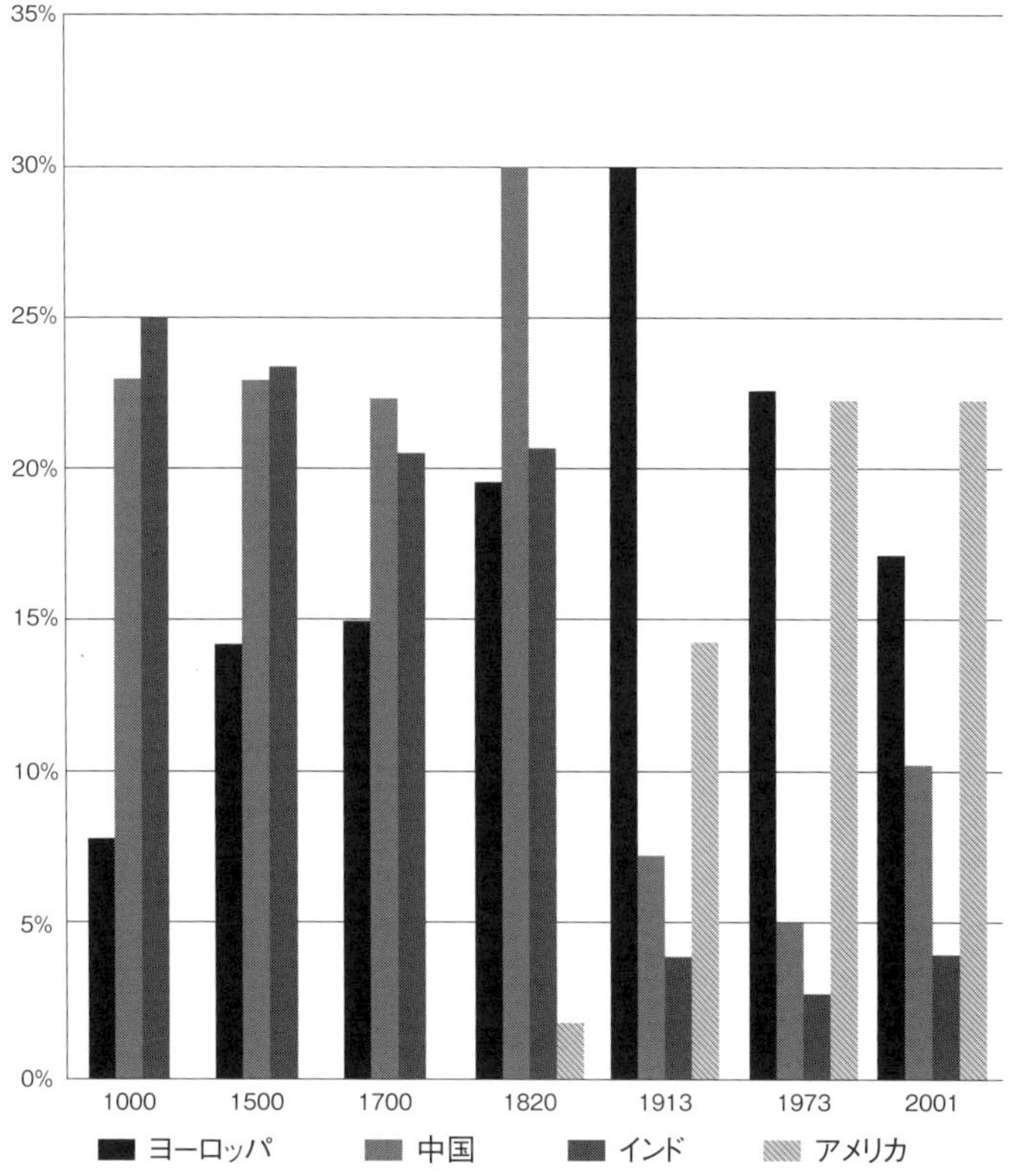

原資料:OECD、アンガス・マディソン
出所:ウェブサイト『Armstrong Economics』、2015年9月23日のエントリーより引用

ヨーロッパの経済力が中国やインドを上回ったのは、ナポレオン戦争後で第一次世界大戦前という比較的最近のことだった。しかも、そのきっかけとなったのは、科学技術の発展ではなく、インドの植民地化、中国の半植民地化を可能にした軍事力だった。

ー号事件（第二次阿片戦争）が起き、イギリスがムガール帝国を滅亡させてインド亜大陸直接統治を開始したころには、世界経済の主役は完全に交代していた。そして、第一次世界大戦前夜の1913年には、中国とインドはともに世界経済のシェアがヨーロッパ諸国の30％のはるか後塵を拝し、それぞれ7％と4％にまで落ち込んでしまったのだ。

84年サイクルはいつ始まったのか？

この84年サイクルは、どこまでさかのぼれるだろうか。答えはかなりはっきりしている。1512年を軸とするプラスマイナス10年、つまり1502〜22年だ。1492年には、コロンブスは行先も帰れるかどうかもわからない第1回大西洋横断という決死の冒険に出発した。当然、その時点ですぐにヨーロッパによる世界制覇が本格化したわけではなかった。だが、それからたった10年でコロンブスが第4回航海に、そしてバスコ・ダ・ガマが第2回航海に出帆した1502年には、大西洋横断も、南アフリカの喜望峰を回ってのインド洋への進出も、ちょっと誇張すれば定期航路とさえ呼べるほどひんぱんになっていた。そこから、マゼラン艦隊の世界周航完成で1522年に至る。

ヨーロッパが世界を地理的に征服したことにより、ヨーロッパ以外の世界中の国々が悲惨のどん底に突き落とされる時代に入った。逆に、それまでユーラシア大陸の西の端でほそぼそと逼塞していた西欧諸国では、奴隷貿易を中心とした三角貿易で築いた富で産業革命を推進し、絶対王政から立憲君主制へ、そして国民の権利が確立し、下層民まで徐々に生活水準が向上する時代になった。

次の危機である、1596年を挟んだ1586〜1606年の20年間には、ヨーロッパによるアジア・アフリカ・南北アフリカ侵略の中心が、スペイン・ポルトガルからオランダに移行する。植民地支配が貴金属・宝石などを奪い取るだけの掠奪経営から、香料諸島で現地人を使って栽培した香料をヨーロッパで高く売る生産経営に移行したのだ。通常のヨーロッパ史では、「このとき、ヨーロッパは飛躍的に生産力を拡大しました。めでたし、めでたし」という話になるのだが、それはあくまでも征服者の側から見た話だ。

ここまでの2サイクル＝168年間は、ヨーロッパによる世界征服の興隆期だった。そして、前半の84年はスペイン、ポルトガルが先頭に立つ植民地掠奪経営の時代で、後半の84年はオランダ、イギリスが先頭に立つ植民地生産経営の時代になっていた。

世界中のほとんどの国々の庶民にとっては、単に金目のものを略奪したあとはヨーロッパ人による支配も消え去ってくれるという話ではなくなり、永続的に支配される仕組みへの転換点になった。そういう時期なのだ。

17世紀後半から19世紀半ばは英米による世界支配の円熟期

その次の1680年を挟んだ1670～90年の20年間は、ヨーロッパではイギリスでほとんど流血なく成就した革命として、1688年の「名誉革命」と讃えられる社会変革が起き、大陸諸国でも少しずつ個人の自由や平等、人権を尊重するような話が出てくる。だが、世界的に見ると、フランスがインドのポンディシェリを領有した1673年から、清がヨーロッパでは二流のロシア帝国の領土拡張をなんとか防ぎとめるネルチンスク条約締結にこぎつける1689年まで、ヨーロッパによる他民族の隷属化が露骨に進んだ時代だ。

つまり、西欧諸国間では「人権を尊重しましょう」などとキレイごとを言うと同時に、世界中のヨーロッパ以外の民族を西欧諸国に隷属させる政治・軍事・経済が一体化した政策を進めたのだ。ヨーロッパ人は、そういうことを同時並行でやってきた連中なのだ。それが見事に現れているのが、この1680年プラスマイナス10年だ。

その次の危機は1764年を軸とする20年間、すなわち1754～74年に起きた。簡単に言えば第0次世界大戦の時代だ。アメリカではフレンチ・アンド・インディアンウォーと呼ばれる戦争があった。この戦争は世界的には7年戦争と言われている、1756～63年のヨーロッパ諸国が世界中の植民地でイギリス側とフランス側に分かれて戦争をした7年戦争の一環だった。北米大陸では世界的な7年戦争より2年早くフレンチ・アンド・インディアンウォーが始まった1754年から、アメリカがイギリスに対して独立戦争を挑み、独立を宣言した1776年で終わる。

この時期もまたヨーロッパでは、たとえば産業革命が本格化して、アークライトが水力による紡績機で糸を紡ぐ作業を自動化したことに象徴される、生産力の画期的な飛躍があった時期だった。だが、同時に、やはり世界中でヨーロッパ支配によって、ほとんどの国々の国民の生活水準が、かなり顕著に落ちて行った時代だった。この世界の国力の均衡が根本的に変わってしまうきっかけは、なんだったのだろうか。大清帝国で1754年に『紅楼夢』などという、なかなかセクシーな小説がベストセラーになるぐらい趣味としての読書の習慣が普及した時期に、ヨーロッパはせっせと戦争を有利に進めるための軍事技術の改良と他民族の征服に励んでいたという、象徴的な事実だった。

この1680年からの2サイクルについては、前半の84年間は世界各地の植民地化がイギリスの独壇場という感じだったのに対して、後半のアメリカ独立戦争以降の84年間はヨーロッパの新興国だったドイツやロシア、そして北米大陸の新興国アメリカが、経済力を高め、イギリスと覇権を争う準備を始めた時期だった。

大英帝国からアメリカに覇権が移った1932年には、欧米の世界支配は衰退し始めた

その次が、すでにご紹介しておいた1848年を中心とする、1838〜58年の20年間だ。一見すると、ユーラシア大陸3大帝国を意のままに切り刻んだり、奪い取ったりできた大英帝国には、一点の曇りもない快晴の日々だったように見える。だが、満つれば欠くるは世のならいというように、ここで頂点に達してしまった欧米諸国の世界支配には、あとはもう衰退の道しか残っていなかった。

1932年を軸とするプラスマイナス10年は、完全に現代史の領域に入り、さまざまな経済事件の発生頻度も高まった。前半の10年、つまり1922〜32年は、結局第一次大戦の戦後成り金が没落する不況から始まり、1929年にその反動として起きた投機的なブームがコケて、30年代大不況が始まった時期だった。

世界経済史の中で、デフレと同時に不況になったのは、実はこのときだけだ。19世紀末までは、「デフレのときのほうが、普通の勤労者の実質所得が伸び、平和で豊かな時代であり、インフレというのは、特に戦争と結びついて悲惨な時代だ」という健全な常識が成立していた。

1929年の大恐慌に始まり、30年代を通じて進展していたデフレは、同時に大不況をもたらして、この時期に「むしろインフレを歓迎すべきで、デフレはなんとしても避けなければならない」という、結果と原因を取り違えたような議論をやって成立したのがケインズ経済学だった。

1932～42年は、第一次世界大戦敗戦で払えるはずがないほど巨額の賠償金を科されたドイツがナチズムのもと、戦争準備を始め、結局第二次大戦が本格的な世界戦争になるまでの過程だ。これはもう悲惨なことばっかりという本当に暗い10年間だったが、そのあげく、日本は大東亜戦争と称して、まったく勝てる見込みのない戦争につっこんで行ってしまう。ただ、日本にとっては自滅への道でしかなかった第二次世界大戦が、植民地支配のもとにあったアジア・アフリカ・中南米諸国での解放運動のきっかけとなったことは、指摘しておかなければ不公平だろう。

結局のところ、1848年と1932年に始まった2サイクルは、イギリスからアメリカへの主役交代でごまかそうとしても、やっぱり欧米諸国の世界支配は衰退していかざるを得ないことが明らかになった168年間だった。

欧米諸国による世界植民地支配の興隆期168年、円熟期168年、そして衰退期168年を足し合わせると、504年となる。現在すでに勃発している金融危機は、この5世紀強にわたった植民地支配をとうとう根こそぎひっくり返す大転換となるだろう。

500年に1度の大転換は、どんな社会変革をもたらすのか？

1932年プラスマイナス20年の84年後が、2016年プラスマイナス10年、つまり2006～26年ということになる。まだプラス10年のほうは、起きていないのでどうなるかわからないというのが正直なところだ。だが、マイナス10年を見ただけでも、これは十分世界的な大変革期であると直感できるニュースが目白押しに並んでいる。何よりも、それまでの世界金融市場の歴史では、30～50年に1度ぐらいしか起きていなかった金融危機が、まるで日替わりメニューのように2～3年置きに起きているのだ。

今回の金融危機は、同じ欧米世界覇権の枠組みの中での小さな変革ではなく、体制そのものの変革、具体的には大国主義の没落をもたらし、大国主義の崩壊したあとには日本がいやおうなく世界経済の覇権を握らざるを得なくなる。その具体的な議論を、次章から展開していこう。

第2章

アメリカ金融資本主義のたそがれ

アメリカの没落が不可避な理由〈その1〉サービス業経済への転換

この章では、アメリカ資本主義がなぜ没落するのかを解明する。アメリカが没落する最大の理由は、資本主義が成功し過ぎて、従来の経済・金融機構では対処しようのない問題が山積みになる段階に来てしまったところにある。

この資本主義成功の結果としての行き詰まりには、大きな柱が3つある。1本目の柱は、製造業主体の経済からサービス業主体の経済へという転換が完成すること。これが何を意味するかというと、たとえば株式市場の果たす役割がほとんど無意味化する世の中になる。

なぜか。製造業の場合には、結局は大規模化したほうが勝ちだが、大規模化するには自分で積み上げた資産だけでは、なかなかスピードが上がらない。そこで、投資家を募り、借金をして拡大する必要がある。借金にしても、増資、つまり株式の増発にしても、そこでの資金獲得競争に勝った企業がどんどん市場シェアを拡大して、ますます強くなる。

融資・増資のどちらを選ぶとしても、これからどんどん設備投資をして、業容を拡大しようという意欲的な企業が、なるべく有利な条件で資金調達ができるようにするのが、株式市場にとって最大の使命なのだ。増資というかたちで新株を発行するにしても、社債を発行するにしても、業績が良くて、株価が上がっていればいるほど、有利な条件で資金調達ができる。それが株式市場の根本的な役割だった。

ところが、世界最大の金融市場を持つアメリカで、過去10年ぐらいにわたって非常に顕著な変化があった。企業の資金用途を成長のための投資、たとえば研究開発投資とか設備投資とかと、自社株買いとか配当とか、あるいはこれは人によっては成長のための投資と言う人もあるが、経済全体としては事業体が増えるわけではなく、その帰属が変わるだけなのでやはり株主還元と考えるべき合併買収とに分けてみよう。成長を尊重するか、株主優遇を尊重するかの優先順位が、2003〜04年ごろガラッと変わってしまった。

それまでは、アメリカは特に株式市場の発展している国なので、とにかく資金調達をバリバリやって、積極的に設備投資をして、研究開発もしてという企業の株価が上がっていた。だが、この頃から「株主になるべく配当を厚くして、金が余っていったら、それは自社株買いをして、発行済み株式総数を減らして、1株あたりの価値を増やすほうが、積極的な拡大投資をするよりも、株主に報いる道としては正しい」という考え方に一変する。

設備投資が景気回復の万能薬ではない時代になった

それは、具体的な株式市場の動向として何を意味しているのだろうか。たとえば、最近株式市場で顕著なのが、悪いニュースが出ると株価が上がって、いいニュースが出ると株が下がる傾向が定着していることだ。この現象を見て、世の中のたいていの人は「悪いニュースが出ると、政府や中央銀行が景気拡大のための積極的な刺激策を取るという期待が高まる。だから株価が上がる」という非常に回りくどい、持って回ったような説明をする。だが、これは明らかに過去の経験とも反しているし、アメリカ経済の現況とも食い違っている。

株式市場の意義は「株価が上がっている企業は、新株を発行して増資するにしても、社債を発行して借金をするにしても、いい会社だから、条件良く増資、あるいは社債発行ができる」というところにある。つまり資金調達を有利にするのが、株式市場の最大最重要な役割なのだ。なぜ資金調達を有利にすることがそれほど大事だったのか。

工業生産が経済の中心だった時代には、規模の経済が働く余地が大きく、設備が大きければ大きいほど大量生産でコストが下がって、競争力が上がって市場シェアを伸ばし、ますます大きくなることができるからだった。つまり工業生産が発展していく時代にとっては、株式市場で少しでも資金調達を有利にすることが、その企業の競争力について決定的に重要だったのだ。

今の世の中は、もうまったくそうではなくなっている。まず世界中の先進国で、消費に占める工業生産品の割合は、だいたい2割を切っている。アメリカが一番低くなっているはずだが、13〜14%ぐらいだろう。日本はそこまで低くなく、17〜18%ぐらいは残っているだろう。とにかく「消費者が消費するモノ」と言ってしまうと、実はそれは間違いであって、今の消費者は、だいたい消費に遣う金の8割近くをモノではなくコト、つまりサービスにかけている。残ったほんのわずかのシェアを、農林水産品と工業生産品が分け合っているのだ。そして、サービス業は、とにかく資金調達をなるべく大量に、しかも安いコストでやって、どんどん規模を大きくすれば他社に勝てる業態ではない。

なお、消費財をつくるための機械装置や原材料・中間財は消費財ではないのでGDPにはふくまれない。国民経済全体の規模を考えるときに、二重勘定をしないようにあらゆる資本財とか中間財・原材料は、この段階ではカウントしないことになっている。もしカウントしたら、まったく同じ工程で完成する製品が、一企業では完成品だけGDPに計上されるが、多くの企業同士で未完成品としての各段階で代金収受があるたびに、GDPが膨れ上がることになり、明らかに不合理だからだ。

工業生産のシェアは先進国では2割を切っていて、サービス業が8割前後という産業構造になっていると、サービス業では設備投資をして規模を大きくした者が勝ちという世の中ではない。その結果、どういうことが起きているだろうか。今や世界中で慢性的に銀行の預貸率が下がっている。預貸率とは、預金として獲得した資金のうちでどのぐらいの比率を実際に企業に融資として貸し出せているかを示す。昔は80％を割り込むと不況と言われていたが、昨今では慢性的に70％台とか、ときには60％台になっている国もあるほど銀行の預貸率は下がっている。

そうすると、世の中の経済学者はいまだに工業生産中心の見方をするから、「こんなに銀行の預貸率が下がっているということは、投資が不足しているに違いない。だからたとえば財政出動をしたり、金融緩和をしたりして、もっと資金を潤沢に回してやれば、飛びつく企業がいて、銀行預金もどんどん融資に回せるようになって、それで景気は回復するだろう」と思い込んでいる。それが明らかに間違であることは、たとえばアメリカの長期的な経済指標として非常に重要な設備稼働率を見ると、サイクルのたびに山も谷も低くなっていて、どんどん設備稼働率が下がっていることに露呈している。

つまり、設備はもうあり余っているわけだ。そういうときに財政出動や金融緩和でどんなに景気を刺激しても、ちっとも良くならない。当然のことだ。

アメリカの没落が不可避な理由〈その2〉株価と金融業界が景気のバロメーターではなくなった

今、アメリカの株式市場で何が起きているかというと、経済について悪いニュースが出ると、株価が上がる。経済についていいニュースが出ると、株価が下がる。もうそういう株式相場になっているのだ。これまた、いわゆる金融業界人とか、あるいは経済学者とかの大部分はあい変らず工業生産中心の世の中を想定している。

おおかたの株式市場関係者は「これはきっと経済が悪くなると財政出動とか金融緩和とかがあって、政策で景気を刺激してくれるから、だから株は買いなんだ。逆に経済がいいと、ちっともそういう刺激策が出てこなくなるから、株価は下がるんだ」という、持って回った解釈をしている。だがこれは、こじつけにすぎない。

実際に金融緩和とか財政出動をしたら景気が良くなったというためしは、ほとんどゼロに近い。だいたいにおいて景気は、良くなったり、悪くなったりするものなのだ。すごく悪くなったときには、逆に回復するときにも、すごく良くなる。中途半端に悪くなったときには、回復も中途半端に回復するだけだ。政策とはまったく無縁の独自のサイクルで、延々と山や谷をつくり続けているのだ。

その谷が実際におきるたびに、なんとかこれを政策で解決しようというのは、一つにはやはりアメリカ文明の特徴として、世の中のありとあらゆる問題には、エンジニアリング的（技術的、あるいは工学的）な解決策があるはずだという発想が、骨がらみにしみついている。こうした発想自体が思い上がりなのだ。実際のところ、世の中は自然の流れに任せておくしかないことのほうが多い。それがどうしてもわからないのがアメリカの知的エリートの特徴で、なんとかしようとする。

そのなんとかしようとする政策が、何度試されても、ちっとも良くなっていない。景気は自然な流れであって、悪くなり過ぎれば自然に良くなるし、良くなり過ぎれば自然に悪くなるものなのだ。それがあたかも政策の効果のように見えている人たちが、あまりにも多いということが問題なのだ。

それでは、今なぜ景気が良くなると株が売られるし、景気が悪くなると株が買われるのだろうか。要するに、株主たちは「企業が手持ちの金を設備投資とか研究開発とかに無駄遣いして、せっかく自分が買った会社の株の解散価値が下がる」ことを非常に警戒しているのだ。だから景気がいいときには、企業がつい設備投資とか研究開発を拡大したいという誘惑に駆られがちなので、これは危ないと思って株を売るので株価が下がる。

逆に、景気が悪いと企業家はめったにそういう誘惑に駆られないので、むしろ設備投資や研究開発をするよりは、配当を増やすとか自社株買いをするとかのかたちで解散価値の先払いをしてくれる。だから株価も上がる。株価が景気の先行指標どころか、逆行指標になったこと、これが500年に1度の世界経済大転換の2本目の柱だ。

P66~67の図表上段のグラフを見ていただきたい。アメリカを代表する大型株指数であるS&P500株価指数は、ほぼ完全にこの500銘柄に採用された企業がどれだけ自社株買いをしたかどうかで、上がったり、下がったりしているのだ。

S&P500採用銘柄の自社株買い総額と株価指数が、ものの見事に連動している。どんどん自社株を買って、企業規模は全然増やさないけれども、1株あたりの資産や利益額を人為的に高める企業が株価も順調に上がり、経営陣はストックオプションの価値が上がってぼろ儲けということになる。この事実を見て、道義的に「これはちっとも生産力を増やしていない見かけだけの業績向上だから、こんなことをしちゃいけない」と批判するのは、まったく当たっていない。アメリカの大企業のほとんどがすでに慢性的な過剰投資に陥っているからだ。

また、現代アメリカ株式市場の資金流出入統計も、はっきりこの事実を指し示している。資金の流出入とは、要するに株式市場にどういう分野からどのぐらいの資金が流入して、どういう分野から資金が流出しているかというのを見たものだ。P66~67の図表下段をチェックする

買いに支えられていた

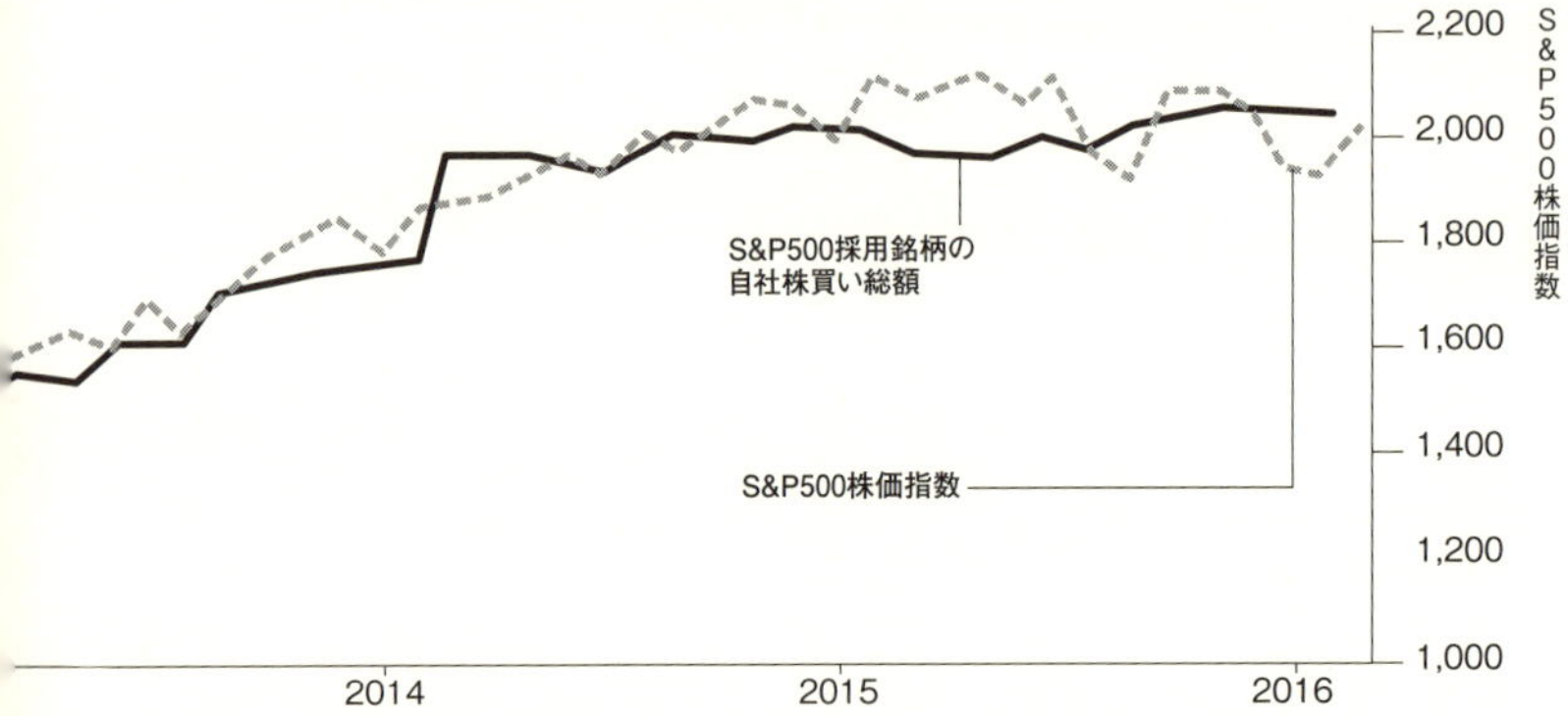

アメリカの株価推移は、有力企業が自社株買いにかけた金額にほぼ全面的に依存している。株式市場の資金流出入で見ても、最大の流入額は自社株買いとなっている。つまり、成長への投資ではなく、株主への解散価値の先払いが、アメリカ株の好調を支えているのだ。

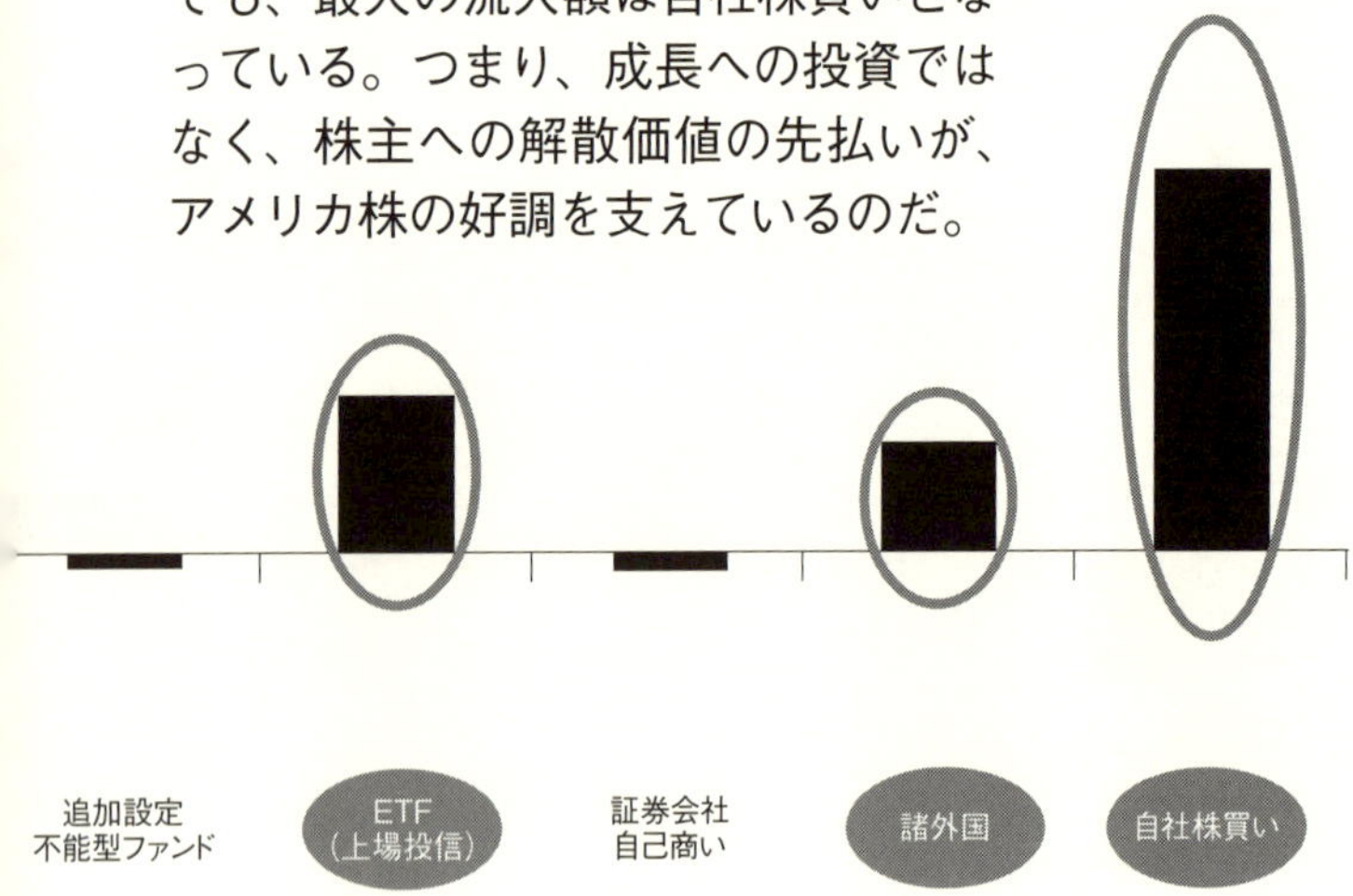

アメリカの株価はほぼ完全に自社株

S&P500採用銘柄の自社株買い総額とS&P500株価指数（2010〜16年）

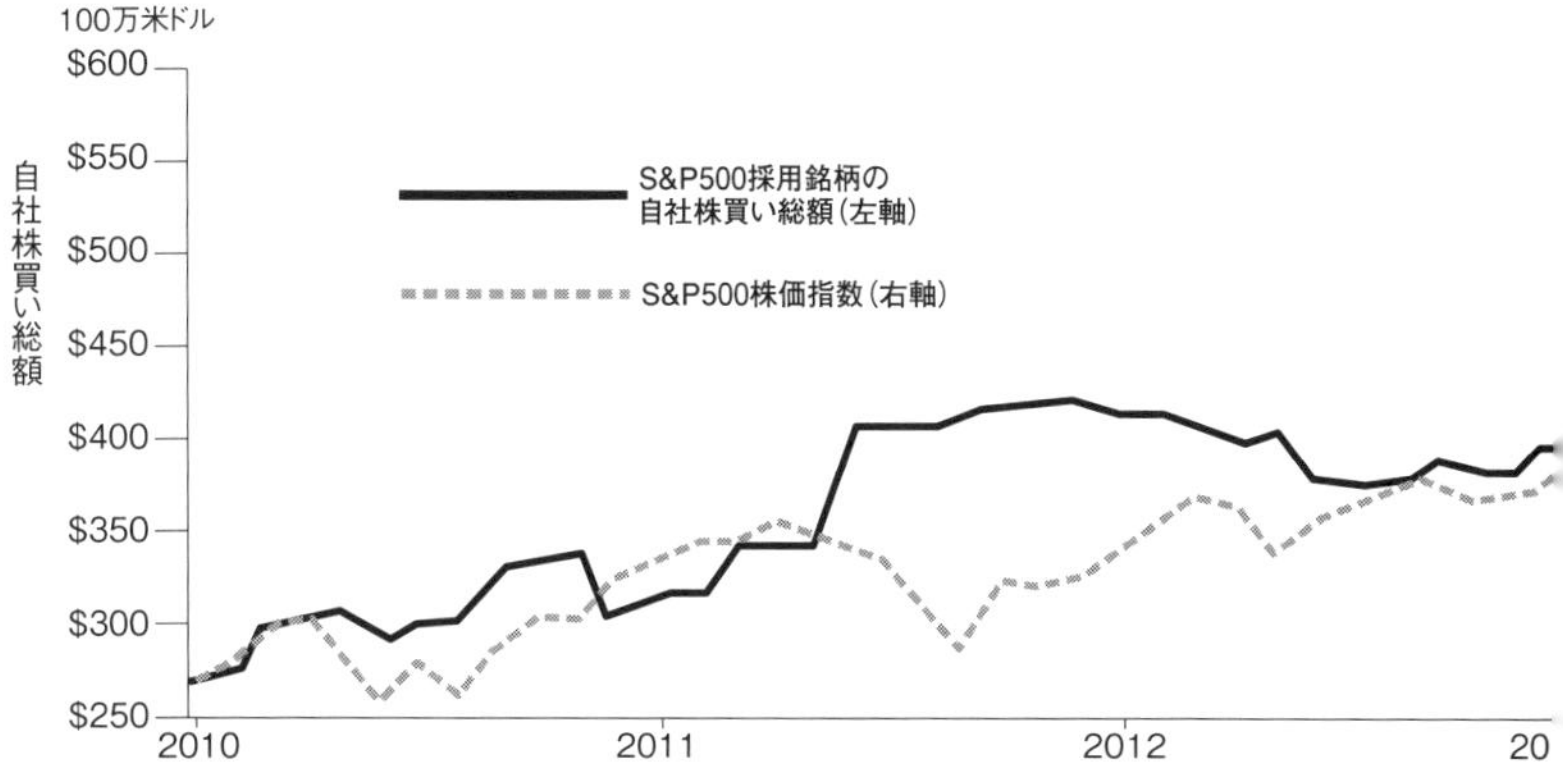

原資料：スタンダード・アンド・プアーズ社、Haver Analytics社、バークレイズ・リサーチ、ウェブサイ『Business Insider』、2016年3月12日掲載からの重引
出所：ウェブサイト『Of Two Minds』、2016年9月23日のエントリーより引用

米国株式の実質総需要、2008〜15年累計（実質ベース）

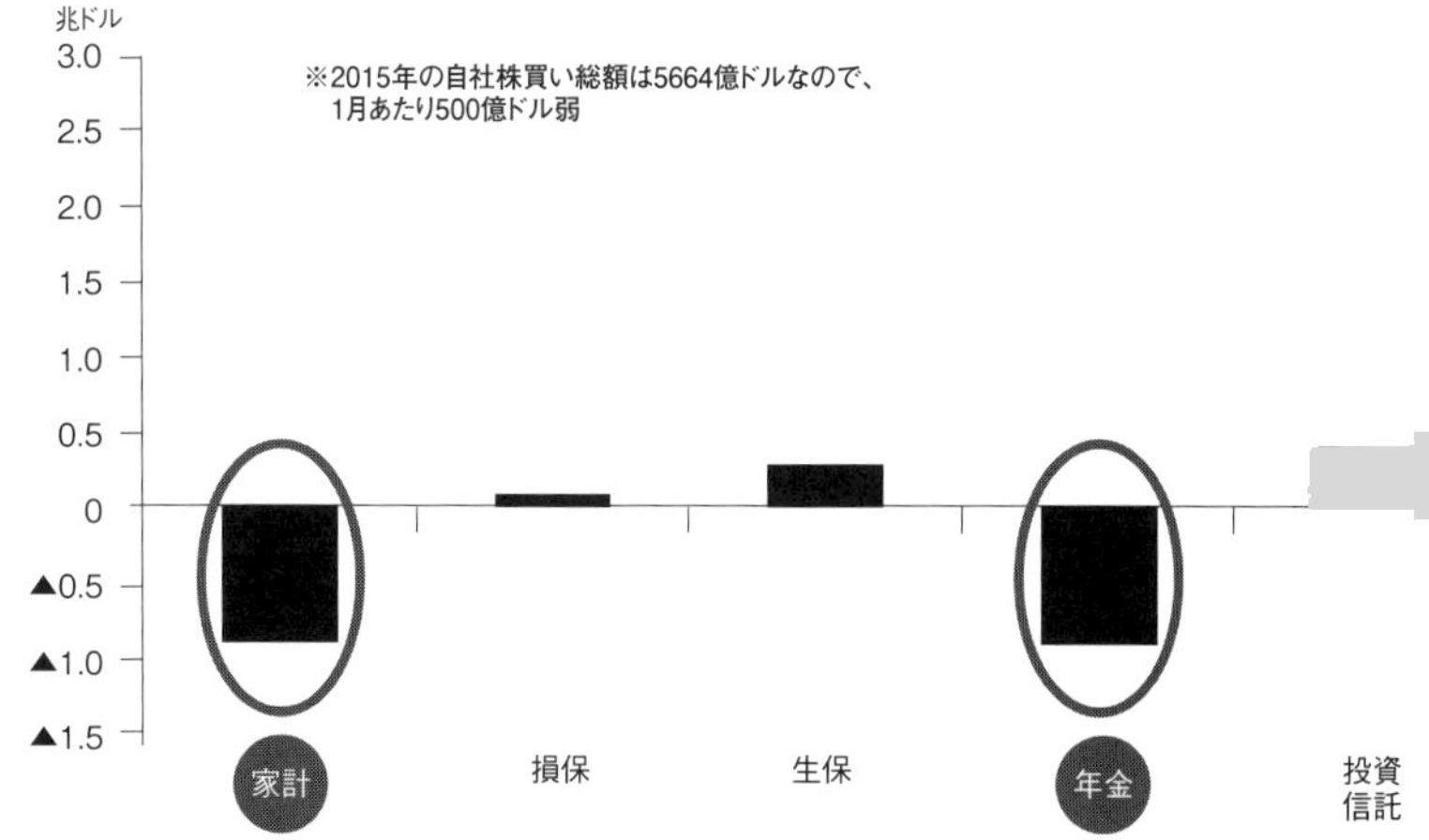

原資料：原資料：連邦準備制度『Flow of Funds』データからHSBCが推計
出所：ウェブサイト『Humble Student of the Markets』、2016年4月7日のエントリーに補足して作成

と、家計とか年金資金とかの慎重を旨とする投資家は、過去8年間の累計でそれぞれ1兆ドル近くの巨額の売り越しとなっている。

一方、最大の買い越しをしているのは2兆ドルを超える自社株買いで、あとは上場投信（ETF）と、外国政府の約7000億ドルしかアメリカ株を買い越していない。投資信託各社でさえ、商売ものの中でも定番であるはずのアメリカ株を8年間で5000億ドル未満しか買い越していないのだ。

自社株買い以外で大幅に資金が流入しているETF（上場投信）は「株は銘柄もわからないけれども投資したい」というカモを引っかけるための道具に使われている。また、諸外国の中身は、主として日本とか中国とか、経常黒字をどう使っていいかわからない国の官民が騙されて買わされているという程度だ。

家計とか年金とか、手堅い運用をしたい人たちは、今どんどん、資金をアメリカ株から流出させている。自社株買いがあるからこそ、全体としての需要が高まり、株価が高くなっているという危うい状況だ。自社株買いが消えたら、明らかにマイナスのほうが大きくなるだろう。現在は、自社株買いをのぞいても、まだかろうじてトントンぐらいだが、これは「自社株買いがあるからこそ、我々も買いに入れば株価が上がって儲かる」という思惑あってのことだ。

現代アメリカの株主は、明らかに成長への投資より、株主還元を歓迎している。もう余計な成長なんて考えるなと言っている。「すでに蓄積している解散価値を、目減りしないうちになるべく早くよこせ」と思っているわけだ。それがわからない人たちが多いから、なぜ景気が悪くなると株が上がり、景気が良くなると株が下がるのかがまったくわからなくなっている。

ここは非常に重要なポイントだ。どう重要かというと、世の中の経済学者や金融業界関係者の大部分は、いまだに工業が経済全体を引っ張っていった時代の発想で世の中を見ている。ところが現実は、ちっともそうではない。今経済全体を引っ張っているのはサービス業であって工業ではない。サービス業主体の世の中では、設備投資が多くできたほうが勝ちという単純な競争ではない。

サービス業では、だいたいにおいて少品種大量生産より多品種少量生産のほうが消費者に受け入れられる。だから、あまり積極的な設備投資で規模ばかり拡大し、画一的なサービスを大量頒布しようとすると、かえってコケる時代になったということだ。

経済のサービス化は、国土の人口配置も変えていく。人間が大勢で一緒に住んで暮らしていかなきゃいけないというときに、ありとあらゆる面で、なるべく狭い地域に集中して住んでいたほうが得だという事実がはっきりする。これは社会インフラ整備1つ取ってみても、長い距離にわたって道を通し、橋を築き、水道を供給し、電気を供給するよりは、面積の小さな都市圏に集中して住んでいてくれれば、ありとあらゆるインフラ投資が安上がりで済む。

サービス化社会で人口の大都市集中を阻害していたのは、戦争の脅威だった

この当たり前の都市集中を、今まで阻害していた最大の要因は、じつは戦争の脅威だった。具体的に言うと、第一次大戦から実用化され始めた飛行機による爆撃だ。これは大都市には基本的に防ぐ手段がない。人間は逃げることができるが、大都市のインフラは逃げ回ることができない。人口の密集した大都市圏を焼夷弾で壊滅させせられてしまうと、すさまじい損失が生じる。それが怖くて、アメリカにしても中国にしても、意図的に中規模都市を広い国土に分散させるという戦略的な立地をしているわけだ。

日本の都市計画学者の大部分は、日本は大都市の人口が過密だと主張する。だから、この狭い国土で一体どこに置けというのかわからないが、アメリカや中国のように中規模都市をたくさんつくったほうがいいと言う。国土の構造も広さも全然違うし、軍備や国防を重視する国の戦時防衛第一の発想をそのまま受け売りしているだけなのだ。だが、大都市集中と中小都市分散では、経済効率、特にエネルギー効率がまったく違う。

東京圏の人口はやや少なくなって、我々住んでいる側にとっては快適だが、インフラ投資の

効率は明らかに劣化している。昔、東京へ、大阪へ、名古屋へと人口が集中していた時期の日本は、インフラ投資は、たとえば都心部と郊外をつなぐ電車1本を通せば、それによって大量の人が通勤通学してくれるので、鉄道が企業として成立する国だった。

日本だけは、この伝統が大都市圏で今もかろうじて引き継がれている。だが、中小都市の中心部とその郊外や農林山村部をつなごうとすると、高度成長期の日本でさえ赤字の山を築いていた。今や、鉄道が営利事業として成立しているのは世界中で日本だけだ。先進諸国もふくめて、外国では鉄道事業は全部、自治体とか国からの補助金がなければやっていけない。

それほど利便性も高く、エネルギー効率も非常によく、大量の人や物資を運んでくれるものを、わざわざぶち壊そうとしたのが、田中角栄以来の日本列島改造論に始まる地方に人口を分散させるという愚行の連続だった。あれは結局、地方の利権集団に延々と悠々食っていける、はっきり言ってしまえば、ムダな仕事、建前としては仕事だが実はのらくら遊んでいるような仕事をさせて、金をばらまいていただけなのだ。

アメリカの没落が不可避な理由〈その3〉単純労働が消える

人口は大都市圏に集中させたほうがいい。これはエネルギー効率の上でも、売り手と買い手が同じ時間に同じ場所で対面しなければ生産されないサービス業主導の経済では、ますます大都市居住の優位性が高まる。だからこそ、政府が旗を振って強制しなくても、国民1人ひとりが自立して生計を立てていこうとすると、不便なところから人口が減り、便利なところに人口が集まるのは自然の成り行きなのだ。

そこで本書全体の3本目の柱と結びつくのだが、ほとんどの単純労働は機械化される。これももう、抗いようのない世界的な趨勢であって、単純労働しかやっていけない人の人口が少なければ少ないほど豊かな社会になるのは、明白だ。

ところが、「人手が足りないから移民を入れる」というような愚策を主張している人たちがいる。どこまで経済の基本をわかっていないのか、あきれ果てるような議論だ。これから先、今は仮に過渡的な人手不足で、大量に入れてしまった移民の人たちが高齢化したときに、いったい誰が面倒を見るというのだろうか。当然のことながら、「もうあなたが有用だった時期は過ぎたから、さっさと帰って下さい」と追い返すわけにはいかない。長年にわたって日本に住んで、日本社会に貢献してくれた人たちを、あっさり追い返すようなことをできるわけがない。

人口の抑制は、無理なことだ。その典型が中国の一人っ子政策だが、そんなグロテスクなことをやらなくても、自然に減少していく。そして、残っている人は大事に人的資源として育てて使っていかなければもったいないという社会が、すばらしい世の中なのだ。この人、何をやらせても多少なりとも技量があるわけではないけれど、やはり食っていくためには何か働いていただかなくてはいけないという人たちを抱え込んだ経済は、悲惨なことになる。

アメリカでは、本当にかわいそうなことに、現在でも黒人やヒスパニック人口の大部分は、基本的にそういう境遇に置かれっぱなしだ。トランプがあれだけ人気を集めたのも、プアホワイトは今や、まともに低賃金で黒人やヒスパニックと競争しなきゃいけない立場に追いやられているからなのだ。アメリカ中のプアホワイトのあいだに「我々は特権階級として生まれついたのに、なんでこんなやつらと平等な条件で競争しなきゃいけないんだ？」という不満が鬱積している。元の「古き良きアメリカに戻せ」という運動がプアホワイトの中で圧倒的に強いからこそ、あれだけのトランプ人気になったわけだ。

そういう人たちを抱え込んでしまった社会に、これからどんな展望があるだろうか。都市暴動が派手に頻発して、衰退していく以外の道は、ほとんどないだろう。

アメリカの利権社会化と並行して起きている暴動のすさまじさ

アメリカでは今、完全武装の狙撃兵に見えるような警備隊員を乗せた装甲自動車が、州警察、市警察のレベルで配備されている。その重装備ぶりは、とうてい自国民の暴動を抑制する程度のことではなく、海外の武力紛争地域に派遣された兵士のような重装備で、いつでも銃を発射できる姿勢でアメリカ南部の中規模都市をパトロールしている。

そういうことが日常茶飯事として起きている国なのだ。州警察が本物の戦車を持っているケースもある。通常の軍隊に配備される戦車とは違って、360度回転できる砲塔は持っていない。だが、それ以外は、タイヤではなく多少傾斜のきつい階段なら踏み越えて行けるキャタピラーを履いた純然たる戦車だ。

戦車を市警察が保有するケースの一例であるドラビルという町は、アトランタ近郊で、地下鉄の始発駅になっている。それが何を意味するかというと、アメリカで中流の下までの暮らしをしている人たちは郊外に住めるが、自動車を持てない所得水準の人たちは、なんとか細々と運行されている公共交通機関にしがみつかなければ生きていけない。

そうすると、たとえばアパートの家賃はぼるし、日常生活に必要な細々《こまごま》としたものも、その周辺だけ高いというようなバカげたことが平然と起きる国なのだ。大都市で細々と自動車なしで暮らしを立てている人たちは、慢性的な暴動予備軍だ。それを鎮圧するために、アトランタ近郊の、一応市という名目になっているが人口がわずか8300人の小さな町でさえも、市警察が戦車を持っている。アメリカ全体がそういう世の中になってしまったのだ。

最近のアメリカには、軍事産業があまり外国に武器を売れなくなったという背景もある。だが、州とか自治体警察が、暴動鎮圧用程度の生やさしいものではない純然たる武器を大量に購入している。こうした状況を見ると、明らかに大都市周辺で治安の悪いところは、外部から来たテロリストだけではなく、自州の住民を鎮圧するための武器を大量に買っているということが露骨に出ている。

具体的には、ヒスパニック系や西アジア・中東系の移民が多いところでは、州・市警察による警備用品の域を超えた武器の購入量が多い。逆に地雷・待ち伏せ対応装甲車両保有台数が42両で首位のニューメキシコ州についで、40両で2位のオクラホマなどは、恐らくいわゆるミリシアと呼ばれる民兵（民間人で構成する、武器を常備し、戦闘訓練を行っている集団）が多いところだが、そういう州でもプアホワイトからなるミリシアの暴動を鎮圧するためという理由で武器購入量が多くなっている。

アメリカの各州は、かなりの金額の州債を発行して、それもほぼ例外なく大赤字となっている。破綻目前の州や大きな都市が多く、特にイリノイ州の最大の都市であるシカゴとか、ミシガン州最大の都市であるデトロイトとかは、もう完全に市財政が破綻状態なのは、こういう武器の購入まで、かなり金をかけているからだろう。

州や自治体の警察機構の重装備ぶりは、地雷や待ち伏せに対応できる車両が必要な国だというところに表れている。地雷を置く人間がいるからこそ、また、あえて警察官を待ち伏せて銃撃する集団がいるからこそ、必要なわけだ。日本に住んでいると、そういうことが大手メディアの報道では、まったく入ってこないのも不気味だ。どこかで地雷が仕掛けられ、爆発して大量の損害が出ていなければ、そこまでムダなことはするはずがない。

民間人による銃保有でも世界に冠たるアメリカ

民間人100人あたりの銃保有丁数で見ると、アメリカはお年寄りから赤ちゃんまで全部含めて、1000人に対して80数丁の銃を持っている。100人当たり55丁前後と数値はぐっと下がるが、2位がイエメンというのも、また現代世界の状況を象徴するようなデータだ。アメリカとイエメンが1、2位争いをしている構図は、やはりアメリカの軍需産業がいかにがんばってソ連東欧圏なき後、それでも軍備が必要だと言い続けるためにイスラム過激派を人為的に育ててきたかの努力の結晶的な意味もある。

さらに、2位のイエメンとは僅差で3位がスイスというのも、なかなかに含蓄のある話だ。スイスやフィンランドは平和で穏やかな国という印象があるが、猟銃と称して護身用の武器を持っている連中はかなり多い。スイスは連邦政府が民間人の武器保有を奨励している。

ただ、やはりなんといっても保有する銃の総数で突出しているのはアメリカだ。推定民間保有の銃火器丁数で見ても、人口が3億人しかいないアメリカが、人口12億人のインドや人口14億人の中国よりもはるかに多い2億7000万丁の銃を民間人だけで持っている。また、アメリカ以外の諸国では殺傷力の弱い小火器が圧倒的に多いが、アメリカでは本当に殺傷力の強い重装備の火器を持っている民間人が多い。

1970年代を黄金時代と見ることの危険性

アメリカは、殺人暴行による死亡者数でもOECD諸国内で突出している。まず殺人事件の凶器別内訳を見ると、銃火器が68%を占めている。人口10万人当たりの殺人事件犠牲者数では、他のOECD諸国はほとんど例外なく、0~3人と下のほうに密集して1990年代初めに少しそこからはみ出した国が1~2国ある程度だ。

アメリカ1国だけ、1960年代初めの4人強から始まって、1970年代末に10人でピークを打ち、2010年にも5人とOECD諸国の平均値よりはるかに高い。調べてみて意外だったのは、1970年代は現在よりももっとひどかったという事実だ。

アメリカ人のあいだでは、いまだに1960年代から70年代ぐらいまでは黄金時代だったという幻想が蔓延している。今回の大統領選で当選したトランプを先頭に、あの頃のすばらしいアメリカを取り戻したいと言っている人が多い。だが、その時代は、黒人やヒスパニックだったら、「目つきが気に入らない」とか「口の利き方が生意気だ」というだけで本当にあっさりと殺されて、裁判になればたいてい白人は無罪になっていた。そういう時代だったことを忘れてしまったのか、当然知ってはいるけれども、それが心底すばらしいことだと思っているのか、まあそういう国なのだ。

1970年頃からは、やはり本質的な腐敗、堕落が政界、財界のトップで始まっていた時期でもあり、反面、第1次オイルショックでガソリン代が急騰したので、庶民の暮らしは一般的なインフレ率以上に厳しかった時代という背景もある。

2014年にはFBI、アメリカ疾病予防管理センターなどが合同で「銃による死がついに交通事故死を上回る見込み」という警告を出した。この見込みは実現してしまい、2015年には、銃火器による死亡件数が3万3000件超で、3万2000件程度にとどまった自動車事故よりも完全に多くなっていた。自家用車を持てない下層の人も、自動車に乗らないことがカッコいいという若い人も増えた上、この間の原油高・ガソリン高で走行距離も減っているので、16年の実績はもっと差が拡大するだろう。

刑務所民営化を利用してのし上がったクリントン夫妻

アメリカがいかにすさまじい利権ビジネスの国かという話に移ろう。刑務所とか監獄とかにぶち込まれている人の人口がうなぎ登りに上昇している。暴行による死亡事件などの統計を見ると、70年代末がピークなのに、収監人口は80年代から急上昇している。1980年にはぎりぎり50万人未満だったものが、1990年には約120万人、2000年で200万人弱、2006年には240万人に達してしまった。

この頃から州ごとの単位で、刑務所運営を民営化する州が続出している。刑務所経営を民営化すると、どういうことになるか。典型的な独占事業の弊害がもろに出てくる。特定の地域の刑務所はどこか1社が請け負う。そうなると、もう露骨に、たとえば貸家経営を一括発注したら、受注した企業が稼働率を高めるために空き室を埋めるのと同じように、民営刑務所が収容人員を拡大したり、発注側の自治体に入居保証をさせたりする。アメリカの怖いところは、州とか連邦レベルの司法システム、裁判所も、それにほぼ全面的に協力していることだ。

具体的にどういうことかというと、三振法という有名な悪法がある。これはカリフォルニア州が最初に始めたと思うが、暴力事件で前科2犯だと、3度目は本当に立ちションとか、そういう微罪でも終身刑になってしまう。「スリーストライク・ユー・アー・アウト」で、三振法と呼ばれている法律だ。今では、アメリカの3分の1か半分ぐらいの州では、施行されているらしい。とにかく刑務所収容人口を増やして、しかもなるべく長期滞在してもらって、回転を減らして効率よく搾取するという仕組みができているのだ。

この点について、最近非常におもしろい事実を発見した。ビル・クリントンは、たしかイエールのロースクールを出ていて、けっこう弁護士として将来有望視されていた。だが、まったくぐうたらで、女に手を出すだけが能というひどい男だったので、依頼が来なくてついにアーカンソーというど田舎の州、これは全米で所得水準が2番目か3番目に低い州に都落ちした。そこで細々と弁護士をしていた人間が突然、州知事になってからやたら羽振りが良くなった。

そして、州知事になったとたんに、ものすごい選挙資金を確保して、ついに大統領に成り上がってしまったのだ。これが州の刑務所の民営化と密接に関連した話なのだ。民営化そのものは、ビル・クリントンが州知事になる前から行われていたらしいが、ビル・クリントンが州知事に就任して、ほとんど初仕事としてやったのが、刑務所にぶち込まれた受刑者の健康管理を悪徳企業に一括発注したことだった。

その結果、どういうことが起きたのだろうか？　アーカンソー州は州自体が貧乏だということもあって、囚人にさせた強制労働に一切労賃を払わないことで悪名高い。そうすると、囚人には、お仕着せで一応飯だけはくれるけれども、それ以外のもの、たとえば歯磨きをしたいとか、タバコを吸いたいなどというぜいたくは、なんとか金を工面して、自分で買わなければいけない。どうやってその金を工面したかというと、売血だった。

1パイント（約470cc）当たり6ドルとか7ドルとかで囚人の売血を買い取ったその悪徳企業が、市場価格50ドルぐらいで売っていた。利益率600〜700％という商売をしていたわけだ。そのかなりの分を、クリントンはコミッションとしてもらっていたので、アーカンソー州知事になるのとほぼ同時に、巨額の選挙資金を積み立て始めて大統領になったのだ。

それを全部、背後の黒幕として取り仕切っていたのがヒラリーだった。ビル・クリントンは、本当に女に手を出すことは早いけど、それ以外はなんにもしないぐうたらな人間でしかなかった。目のつけどころが違うと言えばそれだけのことだが、よくまあこういう悪辣な手段で荒稼ぎをするものだと感心する手際の良さだ。

ヒラリー・クリントンについては、個人的にはちょっとかわいそうなところもあった。それは、幼い頃はけっこうかわいい女の子だったらしく、幼稚園だか小学校だかでいじめられて帰ってきたときに、母親がものすごく怖い人でそのいじめた相手に仕返しして勝つまでは家に入れないという教育をしたそうだ。そういう育て方をすると、ああいう怪物が育つのだろう。

経済犯罪も暴力犯罪も1970年代末がピークだった

経済犯罪にしても暴力犯罪にしても実は1970年代がピークで、その後発生率は減っている。そういう環境で収監人口だけが激増を続けている。しかも、近年顕著化した特徴として非常にかわいそうなのが、要するに収監人口の中で常習アルコール乱用者が65%とか、常習薬物乱用者が69%とかのデータが示すように、圧倒的に依存症でやめようとしても止められない人間が、どんどん累犯で刑が重くなっていることだ。複数回答のデータをざっくり分解すると、1度「社会の正道」を踏み外すと、もう絶対に刑務所生活から縁が切れないという話になってしまう。

精神疾患ありが58%というのも、人類社会の歴史を退行しはじめたようなひどい話だ。ビクトリア時代ぐらいまでは、精神病は刑務所に入れるべき犯罪だった。さすがに19世紀末から20世紀初めぐらいに、「これは病気であって、治療してやらなきゃいけないことなんだ」という人道的な進歩があった。だが、今のアメリカ社会は、ビクトリア朝に戻って「精神疾患があると、一生刑務所暮らしになってしまうよ」という状態になっているわけだ。

また、1ドルでも政府福祉を受給した経験がある（37%）とか、家族に収監された経験者がいる（46％）とかでも、本人も収監されることが多くなる。さらに、両親が薬物を乱用していると、やはりこれも本人も収監される確率が32％と高くなる。要するに親の因果が子に報い、貧乏で薬物乱用とかアルコールを乱用していた家に育つと、当人も早々と刑務所と縁の切れない暮らしが決まってしまう、かわいそうな社会になっているのだ。

それも本人がかなり凶悪な犯罪を起こしたということならまだしも、ある意味であきらめがつく。だが、三振法のある州では、微罪でもこうなってしまうのだから、本当に怖い社会だ。こうして収監者がうなぎ登りに増えたことによって、それでなくても脆弱な州や市の財政がさらに圧迫される。

いわゆるネオコンとかリバタリアンは、「民営化すれば、効率よく刑務所運営もできるから、費用は下がる」と大ウソを言って刑務所民営化を一生懸命推進した。石原慎太郎なども、親米保守と称する連中の底の浅さがモロに出ている人間なので、「アメリカでやっているから、日本でもやるべきだ」とか言って、日本でも一部実験的に刑務所の民営化を始めさせたわけだ。

やればば民営化で請け負った業者は、これはもう事実上独占状態なので確実に儲かる。受刑者に対するサービスをよくするなどという経営上の工夫は、むしろ有害無益と見なされるのだから、委託した州や市からの運営費はただ取り同然だ。反面、州とか市とかの財政はさらに圧迫されて、赤字が累積する。

また民営化したとたんに増えたのが、刑務所運営企業職員の囚人に対する暴行と、その反対の囚人による職員に対する暴行、さらに受刑者を強制労働させた場合にわずかながら支払う日給のピンハネだった。これは確実に増えている。

日本人の大多数が、アメリカが今いかに悲惨な社会になっているかを、まったく知らない。特に知識人が一番ひどい。大衆のほうがまだしも、「あれだけ派手にドンパチやって、それでいて経済もなかなかしぶとく、うまく表面的には利益も上げているからには、何か悪いことをしているんだろう」ぐらいの想像はする。日本の知識人は、アメリカの大学に留学して、教えられてきた教科書通りの模範解答を鵜呑みにしてくり返しているだけで、自分で調べてみようなどという人間が、ほとんど1人もいない。

なぜトランプが勝ったのか?

今回の大統領選挙についても、日本の知識人の大多数が、開票直前までトランプのような泡沫候補が勝てるはずがないと主張していた。だが、トランプの勝利は、当然すぎるほどの順当な結果だった。

総得票数では負けたが、獲得選挙人数ではトランプ圧勝に終わった。なぜかというと、白人、特にプアホワイトの危機感が最大の理由だ。これから10年のうちでは変わらないが、今から1世代後は、絶対にヒスパニックと黒人の合計のほうが、白人よりも多くなっているはずなのだ。

アメリカ最大級の人口統計・世論調査専業組織であるPew Research Centerの予測で言うと、だいたい2035年か45年あたりに転換点がきて、その先はほぼ確実にヒスパニック、黒人のほうが、アメリカ国内で白人よりも多数派になっているはずなのだ。「今のうちにプアホワイトの特権階級としての地位を再確立しておかないと、そのうち人口の差で、黒人、ヒスパニックのほうが白人よりも優位に立つような世の中になっちゃうぞ」という危機感で、あれだけ選挙資金不足のトランプのところに、プアホワイトが本当に手弁当で選挙運動をやって、なんとかトランプを勝たせたということになったのだ。

そのトランプに手弁当で協力したプアホワイトは、なぜそこまで入れ込んでいたのだろうか？　今回、かなり明瞭にわかってきたのが、民主党の全国大会も正直にやっていれば、バーニー・サンダースが勝っただろうということだ。どういうことかというと、黒人・ヒスパニックの不満層はバーニー・サンダースに支持を入れていたし、プアホワイトは、ほとんど全員がトランプを支持していた。

なぜかと言えば、バーニー・サンダースは「みんなでもっと資本の取り分を少なくして、労働の取り分を増やしましょう」という主張だから、ヒスパニック・黒人が共感する。それに対して、トランプは「昔のように白人に生まれたら特権階級だから、黒人やヒスパニックよりも所得水準が高いのが当然だという世の中を再建しましょう」という主張だから、同じ不満層の中で鮮明に黒人・ヒスパニックとプアホワイトで支持が分かれてしまったわけだ。

多くのアメリカ人が、「トランプはイヤだけど、でもヒラリーには投票できない」という考え方をしていた。ふつうの倫理観を持っている人だったら、当然そこに落ち着く結論だろう。

今後1世代で一変するアメリカ国民の人口構成の中でも、アジア系は深刻な脅威

もう1つ、人口動態で興味深いのは移民の人口構成比だ。一貫して、黒人が移民全体の7～9%と圧倒的な少数派にとどまっている。もちろん、どこに生まれつこうと、黒人がアメリカに行って得になることは、ほとんどない。物質的な意味で生活は豊かになるかもしれないが、社会的身分として一生下層階級が約束されたところに行く人は、ほとんどいないからだ。

その点、ヒスパニック系では、まだまだ、特にプエルトリコなどで、アメリカ社会の現実に関して甘い幻想を抱いている人が多いようだ。ヒスパニック系のアメリカへの移民は、2005年に全体の48%だったものが、2015年の47%への微減にとどまり、2065年に

いたっても31％を占めると予測されている。プエルトリコはアメリカの準州扱いだが、移民のカウントをする際には、プエルトリコからアメリカに来た人も移民ということになる。また、メキシコからもまだ大量に入ってくる。

最近顕著に増えているのが、２００５年の23％から２０１５年の26％へと増加し、そして２０２５年には29％にまで伸びると予測されているアジア系だ。アジア系は、移民第１世代の教育水準は低くても、必死に金を貯めて、子どもたちには高い教育を受けさせて、高給の取れる職に就かせるという展望をしっかり持って移民になる。

たとえば所得水準で平均値を言うと、黒人とヒスパニックが３万ドル台だ。白人が５万ドル台。それに比べて、アジア人は６万ドルぐらいになっている。つまり、アジア系の移民が増えるということは、プアホワイトにとって経済的にはヒスパニックの移民が増える以上に怖いことなのだ。下からは黒人やヒスパニックと同じ低賃金での単純労働を迫られるし、上からは、ちょっと知的能力を高い仕事をしようとすると、アジア系の移民にさらわれてしまうという状態になっている。これが、現在プアホワイトが非常にヒステリックになっている理由なわけだ。

階層別世帯年収の成長率比較は、このプアホワイトの感じている恐怖がまったく杞憂ではなく、具体性のある数値で裏付けられることを示している。１９４７〜79年は、アメリカが珍しくまともな社会を目指していた時期だった。ただし、１９４６年にはもうロビイング規制法が成立していて、その後の腐敗堕落のタネは播かれていたが、それでも79年までは階層が下に行けば行くほど、所得上昇率は高い反面、一番上の1%の所得上昇率が一番低い状態だった。

この間に、所得階層で下から20%の人たちの所得上昇率は累計で116%上がり、下から2番目の20%が100%、真ん中が111%、上から2番目が114%、最上位1%をふくむ上から20%が99%の上昇だった。これに対して、トップ1%だけの累計所得上昇率を抜き出してみると、61%だった。全体として、平等化の方向に進んでいたわけだ。

それがもう、1979~2007年になると正反対だ。最下位はわずか1%と、まったく伸びていない。下から2番目の20%も、本当にかなりの長期にわたってたった11%の伸びにとどまった。真ん中の20%も18%。上から2番目でさえ28%しか伸びなかった。年率に換算すれば1%になるかならないか程度の小さな伸びだ。最上位の20%だけが52%伸びていた。これなら、年率換算でも2%前後は伸びている。ところが、最上位の1%となると同一期間で224%も伸びていたのだ。年率7~8%は伸びていたはずだ。アメリカは、それぐらい所得格差がどんどん広がる世の中になっているわけだ。

所得格差以上にすさまじい資産格差の拡大

もうちょっと近い射程で、資産階層別の純資産成長率を見てみよう。P90の図表だ。まず左上の小さなパネルから見ていこう。1998〜2013年を通じて、こんなに下層と一般勤労者層と中間層との間で資産格差があった。ただ中間層でさえも1998年と2013年を比べると保有純資産は減っている。減ってはいるが、労働者層と名づけた下から2番目の20％の52・7％という減少率のほうが、中間層（真ん中の20％）の19・1％より減少率が高い。つまり格差が拡大しながら、下からの3階層とも純資産は減っているのだ。

ただ、この3階層の資産の中央値を、縦一杯に目盛りを取った拡大図にしてみると、本当に下層（下から20％）、労働者層、中間層は、全然ないに等しいような資産しか持っていない。最上位の10％だけが、元々資産60万ドル（約7000万円）強を持っていたものが、74・9％も伸びて、110万ドル（約1億3000万円）に急上昇している。

過去15年だけ比べても、特に資産で言うと下層から中間層までの下から60％と、最上位の10％では、まったく違う世の中を生きてきたのだ。この15年間で失業率も上がり、労働力参加率も下がり、ほとんど改善した経済指標はない。インフレ率だけはちょっと下がって、マシなほ

アメリカの格差は拡大し続けている

階層別純資産中央値(1998年対2013年)

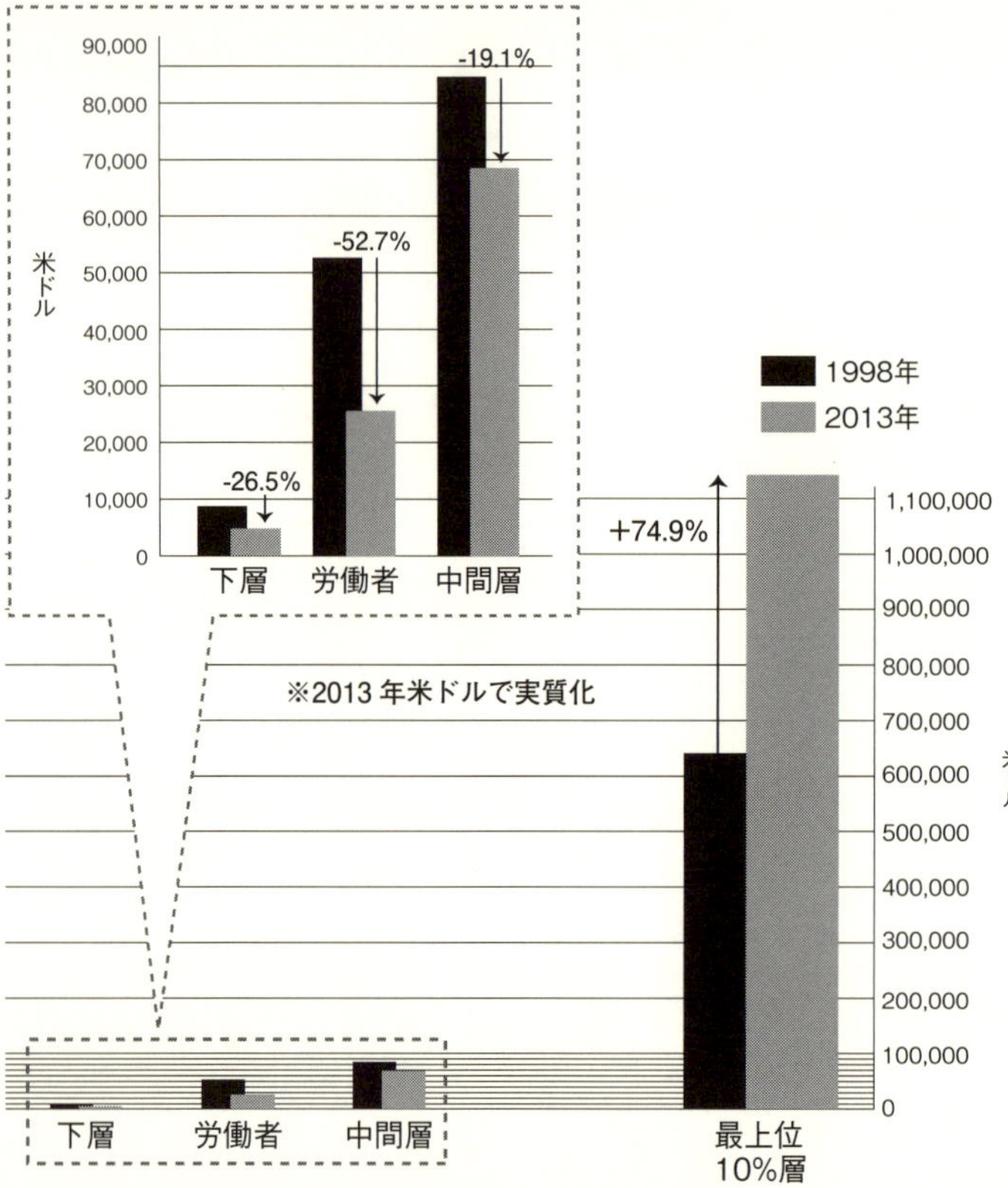

注:下層は最下位20%、労働者層は下から2番目の20%、中間層はまん中の20%。
原資料:連邦準備制度、同理事会、米連邦労働省労働統計局、同財務省データをVisual Capitalist.comが作図
出所:ウェブサイト『The Burning Platform』、2016年6月20日のエントリーより

アメリカの下から60%の世帯は取るに足らない資産で出発して、過去15年でその乏しい資産がさらに減少している。一方、上から10%の資産家たちは、15年前中間層の7倍の資産を持っていたものが、直近では15倍に増えている。それほど格差のひどい社会なのだ。

うだ。また、フェデラルファンド金利は低くなったので、カネを借りることができる人たちにとっては得になっている。

ただこれも、貧乏人は、実はカネを借りられないものだということを忘れてはいけない。自動車ローンにしても住宅ローンにしても、上級所有権は貸し手が持っているわけだ。自由に借りられるのは、国家とか金融機関とか一流企業ばかりで、そういう連中ばかりが得をする世の中に、どんどん変わっているのだ。

諸悪の根源——正当で合法的な贈収賄としてのロビイング

いったい、誰がこんな世の中をつくったのだろうか。2008〜15年のロビイストを通じた献金累計額トップ10グループが、答えを教えてくれる。絵に描いたような利権集団ばかりが並んでいる。トップが約3億2000万ドルの全米商工会議所で、2位が約2億2000万ドルの全米不動産協会で、3位は1億9000万ドル強の全米商工会議所の外郭団体、法制改善研究所だが、これはいわゆるネオコン、リバタリアン向きに法律制度そのものを変えましょうという団体だ。ここを通じて裁判所とか司法システム全体が、ネオコンやリバタリアンの思い通りに変わっていくわけだ。

さらに、全体で4位、単一企業としては最大のロビイングをしているのが、1億7000万ドルのゼネラルエレクトリックで、5位がほぼ正確に1億5000万ドルのアメリカ医師会、6位に1億4000万ドル強でアメリカ製薬業協会、7位に約1億3000万ドルでアメリカ病院協会と並んでいる。要するに、命を人質に取った連中が好き放題に儲けるための献金を大量にしているのだ。

8位はアメリカ病院協会とほぼ同額の全国ケーブル通信協会。これは、昔は日本に比較的似たかたちでAT&Tという巨大ガリバーが、日本で言えば電電公社のように支配していた通信事業業界が、新参者であるケーブル通信業者によるいわゆる一般論で言う自由化要求で、地位を掘り崩されていく過程を反映している。実態としては、新興のケーブル通信における寡占団体が、旧来型の電話電信に比べて強くなっていく。そういう世の中になったのを象徴している話だ。日本ではこうした技術の栄枯盛衰が出せるワイロの額で決まるというところまで露骨にはなっていない。だが、アメリカではそれがすべてといっても過言ではない。

その次の9位が7～8位よりほんの少し少額だが、1億2500万ドル程度は出しているボーイングという軍事産業大手で、トップ10最後の10位に、1億2000万ドル弱のエクソンモービルがエネルギー業界から入っている。トランプ当選後のお騒がせの一環で、次世代大統領専用機、控えをふくむ2機と開発費の総額で400億ドルという値札が高いか、安いかが一時話題になった。まあ、ボーイングは多少総額を負けさせられるだろうが、8年間で1億ドルを超えるワイロを出しても十分元を取った上で、たっぷり利益を稼いでいることがわかる。

P94の図表で、主要セクターのロビイング支出額をご覧いただきたい。

産業団体や企業の単体でもすでに見たとおり、医療関連がすさまじく高い比重を占めている。医療機器、医薬品製造、バイオテクノロジーという、一見きれいで研究開発に力を注いで、業態として清潔感のある業態が、実はものすごい献金をしている。薬品の値段などは、ほぼストレートに、このロビイングの献金額で決まる、そういう社会になっているのだ。

次が保険業界だが、もちろん生命保険、損害保険とともに医療保険が大きなシェアを占めている。保険業界が大量献金しているから、アメリカではいまだに国民皆保険が成立しないわけだ。次が電力だが、これはもう日本も九電力体制が、多少目先だけは変えたけれども、未だに特権として生き延びているのとまったく似たようなものだ。その次が石油・ガスとやっぱり企業の「優劣」は利権のヒモの太い、細いで決まる業界が並んでいる。

トップの医療機器・医薬品製造、バイオテクは3年間で日本円にして約800億円の献金をしている。その成果が、すぐ下のグラフに出ている。アメリカはとんでもなく医療費がかかる国だ。ここでは保険コストだけで比較しているのだが、製薬会社が値付けをしている薬品の価格なども、これと似たようなものか、これに輪をかけたように高いか、とにかくアメリカだけ

アメリカで国民皆保険が成立しない理由

主要セクターのロビイング支出額(2009~11年累計)

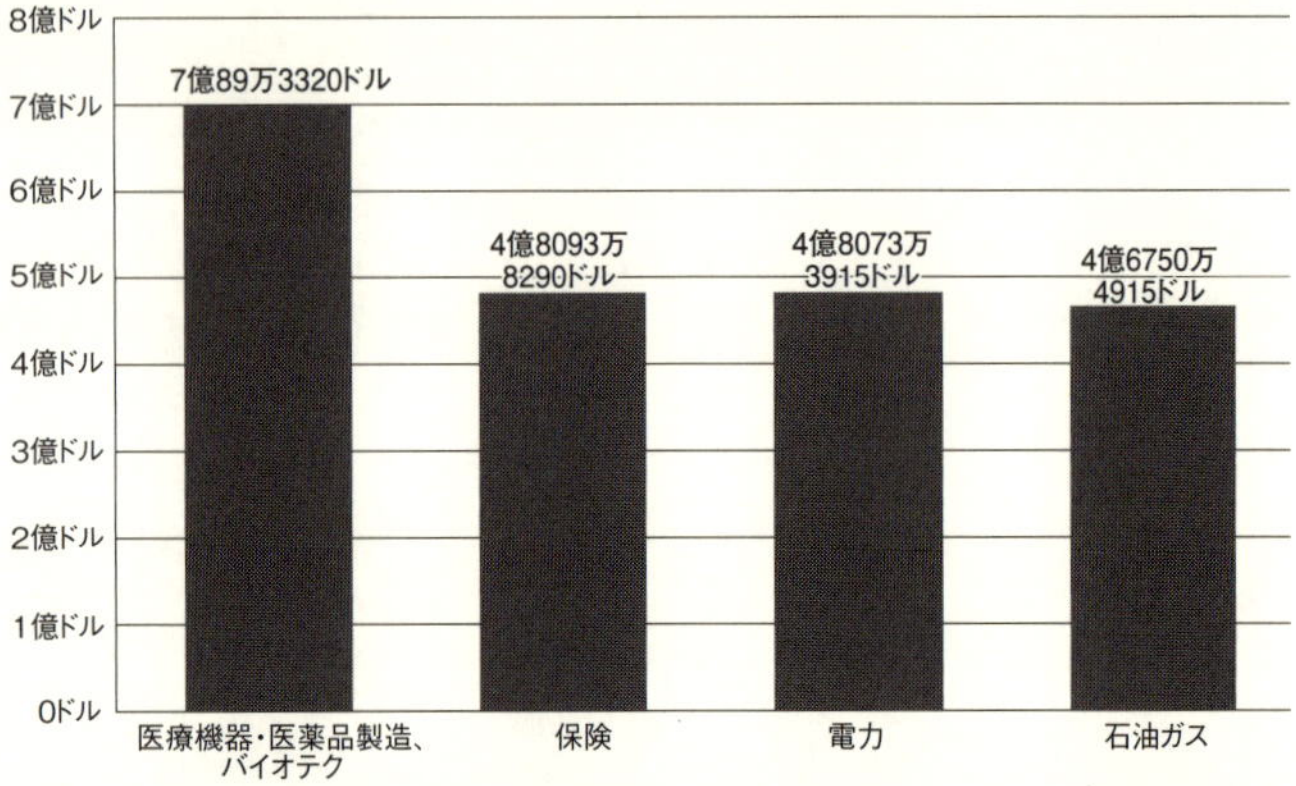

国民1人当たりの基本的医療保険コスト、主要国間比較

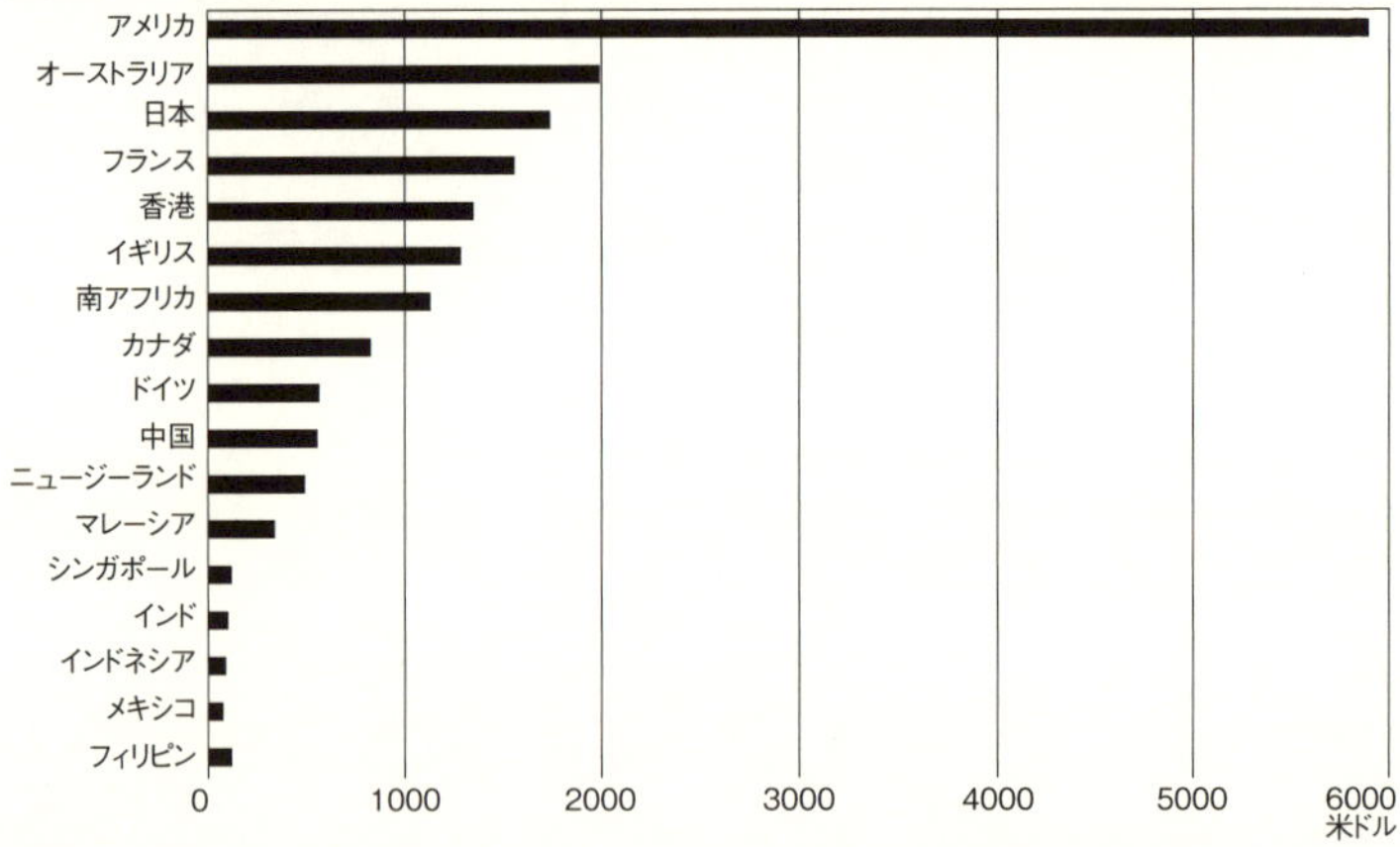

出所:(上)ウェブサイト『Union of Concerned Scientists』、2012年3月28日、(下)『Zero Hedge』、2014年5月14日のエントリーより

贈収賄が合法化されているアメリカでは、有力産業、一流企業、大手金融機関、大金持ちといった、すでに大きな資産を持つ連中がどんどんワイロによって自分たちに有利な社会をつくり出して、もっと儲けるという悪循環が定着している。その好例が医療保険の割高さだ。

が突出して高い。

命や資産や子女の教育を人質にとって肥え太る利権産業がアメリカ経済の中枢

日本の場合には、医療保険支出についてはほとんど全国民がいわゆる健保と国民保険でカバーされている。アメリカで健保や国民保険にあたるのが、貧困層向け医療保険のメディケイド、高齢者向け医療保険のメディケアだが、貧困層と高齢者だけを対象にしている。貧困層より上の人たちは、高齢に達するまでの医療保険は自分で選んで自分で入らなければいけない制度だ。

このコストが、アメリカだけは突出していて、年間6000ドル（約70万円）にのぼる。貧困層と高齢者だけは、そのうちかなりの部分を国や自治体が負担してくれる。だが、それ以外の層は、基本的にこの金額をほとんど全部自分で出しているわけだ。1人当たり年間70万円だから、よく出せるものだ。

図表P94下段の横長の棒グラフを見ても、大英帝国とはえげつないことをやって金儲けをする人たちの多い国々だなという、しみじみとした実感が湧いてくる。かつて大英帝国領だったアメリカ、オーストラリア、イギリス、南アフリカ、カナダ、香港が上位8ヵ国中の6ヵ国を占めているのだ。

それに比べれば、中国は比較的マシに見える。だが1人当たり所得水準から言うと、日本の約3分の1ぐらいなので微妙なところで、むしろちょっと高めかもしれない。ドイツが日本より低いのは、本当に低いのだろうという感じがする。

1998~2014年という長期間の累計でも、医薬品・健康プロダクツの28億ドル強、保険の20億ドル、電力の19億ドル弱、産業横断型団体の16億ドル強、コンピューター・インターネットの16億ドル弱、石油・ガスの約15億5000万ドル、各種製造業・流通の13億ドル、教育の13億ドル、テレビ・映画・音楽の12億ドル強、病院・介護施設の12億ドルが上位10産業団体となっている。とにかく人間の命を人質に取ったところとか、エネルギー、教育を人質に取ったところ、資産を人質に取ったところが、ロビイングまでやって、ますます人質代を高くしているわけだ。

ふつう、こういう人間生活の基盤になるようなインフラがらみのところは、なるべく貧乏な人にも、あんまり苦しくならないようにという考え方をするものだが、こういう大事な人間生活に欠かせないところを人質に取ったら「ロビイングをして、もっと儲けてやろう」というのが、アメリカ社会の実情だ。

アメリカの衰退を示す全要素生産性の低迷

テクノロジー進歩と金融化によって全要素生産性（Total Factor Productivity = TPF）はずいぶん上がったけれども、上述のロビイストの大活躍にほとんど全部吸い取られてしまったおかげもあって、実質世帯所得の中央値、上と下から数えて、ちょうど真ん中にあたる世帯所得は、ほぼ横ばいだ。生産性が上がった分は、ほとんど全部利権集団に吸い取られているという構図になっている。

全要素生産性というのは、ちょっとややこしい概念だ。具体的に言うと、ものやサービスを生産するために必要な要素は、まず労働があって、次に資本がある。そのほかにも、技術などのちょっとつかまえどころのないものがあるわけだ。技術水準を直接測る指標というものは存在しない。全要素生産性とは、労働力の投入量と資本の投入量と質を一定だと仮定した場合に、それでもどのぐらい実際の生産量が伸びるかという一種の思考実験だ。

公式で言うと、労働力と資本の投入量を入れた2つの変数の方程式をつくって、そこで資本を一定に固定して、労働を一定に固定して、それでもたとえば前の年に比べて、次の年に生産量がこれだけ上がっていたはずだという、労働の投入量でも資本の投入量とその質でも説明がつかない残差項のことだ。この残差項のことを全要素生産性と言う。これは技術革新の成果だったり、社会全体が安定していて働きやすい環境か、働きにくい環境かという差を表したりすると考えられている。

要するに全要素生産性が高いということは、割と社会が安定しているとか、技術力が上がって、技術革新が起こっているということになる。低いときは、その逆だ。この全要素生産性がマイナスになることもある。実際に、アメリカで一時的にマイナスになったことがある。国際金融危機が勃発した2008〜09年にかけて、アメリカは全要素生産性がマイナスになっていた。つまり、全要素生産性は毎年の値を取ると、けっこう暴れる数字なのだ。だからこそ5年平均とか、10年平均とか、15年移動平均とかの長い射程で見ることが多い指標なのだ。

また、全要素生産性は農業を外した上で算出することが多い。どんなに統計制度の確立された先進国でも、農業とは、どのぐらい労働力を投入したかもわからなければ、どのぐらい生産物がつくられたかもわからない分野なのだ。1つは農業経営者が、自分の労働力をどのぐらい使ったかという正直な統計は、まず出さない。決して隠しているわけではなく、自分でもわからないことが多いのだ。また、生産物をどのぐらい自家消費して、どのぐらい市場に回したかも、めったに出てこない。だから農業を入れると、そのへんの根拠薄弱な推計値のおかげで、指標としての信憑性が低くなる。こういう種類の統計を出す際には、たいていの場合非農業部門に限定して算出する。

技術革新であるとか、社会全体が平和で働きやすい環境であるとかいうことで、労働力の投入量と、資本の質と量をまったく一定にしていたとしても、生産量はほぼ確実に上昇していく。その上昇の仕方がどのぐらいだったかを、アメリカ経済について調べると以下のとおりとなる。1953〜73年は年率1・8%の伸びだった。まったく生産要素の投入量は同じで、これだけ生産量が成長するのは、成熟した経済大国では珍しいぐらいの高水準だ。

次の1974〜95年は、アメリカとしてはベトナム戦争以降かなりくたびれ果ててきた時期で、年率たった0・4%に落ちていた。「アメリカの終わり」とかの危機感をむき出しにした議論が真剣に戦わされた時代だ。その後、1996〜2012年には、年率1・1%まで回復した。これもまた、成熟した経済大国の中では比較的いいほうの数字だ。ところが、この中身として国民全体が恩恵に与るべき生産物の拡大は、ほとんど全部金融業とか一流企業とか、大物政治家とかの連中に持って行かれてしまって、一般国民は全然得をしていない。これが非常に大きな問題なわけだ。

延々と続く製造業の凋落

さらに、これらの時期を通じて製造業がどんどん落ちぶれていった。金融、保険、不動産（Financial, Insurance, Real Estate）の頭文字を取って、略称ファイア（ＦＩＲＥ）と言うが、ファイアがどんどん儲けを集中的に稼ぐような世の中になってしまったのだ。Ｐ１０１の図表が示すとおりだ。

結局、大バクチを打って「勝てば儲けは自分のもの、負ければ損失は国民のもの」という商売をしていれば、どんな大損失を出したって、あっという間に回復するに決まっている。製造業付加価値の対ＧＤＰ比率が１９５０年代半ばの28％強から、２００９年には11％に凋落したのをしり目に、戦後アメリカ経済の出発点とも言うべき１９４７年にはわずか10・５％だった金融・保険・不動産業付加価値の対ＧＤＰ比率は、２００９年には21・５％に増加していた。

金融業界の平均的な利益率の推移を見ると、戦後復興も仕上げにさしかかった１９６４年に11％から15％まで急騰したあと、延々と下がりつづけて１９８８年には３％で底を打った。それからは、１９９３年に８％を突破し、ハイテク・バブルやサブプライムローン・バブルの崩壊で一時的に落ちこんだとき以外はほぼ一貫して伸びつづけ、最近では16～19％という高水準

製造業が凋落し、金融業界が隆盛するアメリカ
両セクターの付加価値の対GDP比率（1947～2009年）

原資料：米連邦商務省経済分析局
出所：ウェブサイト『Dollar Collapse』、2014年3月17日号のエントリーより

アメリカでは、金融・保険・不動産の国民経済に占めるシェアが上昇を続け、製造業という特権的な教育を受けていなくてもそこそこの賃金給与が取れていた産業のシェアが下落しつづけている。ふつうの勤労者の犠牲で、高額所得者がますます豊かになる社会なのだ。

に達している。この間全体の平均値では8・12％だ。

ちなみに、この平均値を算出した基準となるサンプルユニバース（標本宇宙）は、上場していて、時価総額が2億ドル以上の金融企業ばかりだ。これら大手金融企業の財務データを集めて、まず各年の平均利益率を出した上で、その各年平均値をさらに1964〜2014年の長期にわたった平均値が、8・12％となったわけだ。

明らかに戦後復興期にピークが1度来て、ハイテク・バブル崩壊直前の1990年代末にもう1度ピークが来て、サブプライムローン・バブル崩壊直前の2004〜07年に第3のピークが来ていた。そして、2013年あたりに第4のピークがきている。

このうちで最初のピークは、ほぼ確実に実力のピークだが、2番目、3番目、4番目のピークは、アメリカ国内で金融バブルが膨張した時期であり、これは同時に中国で資源浪費バブルが花開いた時期でもあった。このアメリカの金融バブルと、中国の資源浪費バブルは表裏一体だというのが、次の大きなポイントになってくる。

平均して年率8％ということは、10年で2倍強になっているということで、金融業界はものすごく儲かる産業だったように見える。だが、第2、第3、第4のバブルにたどり着く前で比較すると、それほどべらぼうな高収益産業ではない。概算で各年の平均値が6・5％ぐらいで、たしかに非金融業一般よりは高いが、取り立てて高収益産業と呼ぶほどの差ではなかった。

アメリカ経済全体の文脈の中で見てみよう。設備稼働率を調整して（つまり設備が安定した稼働率だったと仮定した場合の）季節調整済みの全要素生産性の推移を見ると、歴然と1950年代から80年代初頭までの穏やかだが着実な伸びが続いていった時期と、それ以後の波があってアップダウンが激しい時期に分かれる。その中で、2002年にいわゆるハイテク・バブルが崩壊する直前には、戦後すぐの復興期にほぼ並ぶぐらいに全要素生産性が高まった時期があった。

金融業だけの片肺飛行でどこまで突っ走れるのか？

その後の全要素生産性は、ほとんど横ばいに近いぐらいにまで下がっている。このアメリカ経済全体の全要素生産性が横ばいに近いぐらいまで下がっていた時期に、金融業界中心に企業利益だけは突出して伸びていた。

これはやはり、世の中全体が豊かになったのではなくて、勤労者の犠牲のもとに、企業利益だけが伸びているということになっていると考えるしかない。それを裏から支えていたのが、実は労働生産性、つまり労働力を1単位投入したときに、どのぐらいGDPが上がるかという生産性指標だ。これを見ると、アメリカの金融業が利益をひとり占めにしながら伸びていった

1990年代以降は、新興国の生産性が先進国よりも非常に高くなって、先進国は横ばいから減少に転じているのに、新興国の伸びが急加速したことによって、世界全体の生産性上昇率は上がってきた時代なのだ。

この新興国の中身は、人口とか資源の消費量とかで言うと、中国が少なくとも5~6割、多いときにはそれ以上を占めていた。その他新興国のデータを全部足し合わせても、全体の半分にいくかいかないか程度のもので、実質的には中国1国みたいなものだった。

この時期にアメリカ国内でどんなことが起きていたかというと、機械化によってどんどん中間以下ぐらいの技術や能力の人たちが仕事を失っていくということが、もろに出ていた。たとえば電話交換手とかタイピストという仕事は、2010年にはほぼ全滅していた。秘書も半減以上の減り方で、ピークの4割ぐらいになっていた。簿記係は、ある程度手仕事でしかできない要素があるのだが、それでも4割ぐらいは減っている。一般事務員は、いろんなことをさせられるので、なかなか機械化しにくいというのもあって、36~37%の減少にとどまった。

よく言われる、グローバル化でたしかに単純労働は減るけれども、その分、高い能力も必要だし、給料も高い人たちが増えているから、グローバル化はいいことだという議論がウソだったことが、こうした細かい職種分類データから浮かび上がってくる。その結果、先進諸国の国民所得の中での労働分配率、つまり資本の収益にではなく、賃金給与に分配される分が、ピークとなった1970年代半ばの64％台から、直近では58％を割り込むぐらいまで下がっている。

勤労所得では中層の生活が維持できなくなっている

今どき、農林水産の自営業も地主業も大した分配には与っていないので、賃金給与が減った分は、当然資本の取り分が増えているわけだ。これは先進諸国全体でみられる傾向だが、アメリカは1970年代半ばの労働分配率に比べて、2010年の労働分配率が極端に激減している。こういう世の中になった表面的な理由は、金融の肥大化ということになる。とにかく金融業界の利益がべらぼうに上がっていて、それに比べれば企業一般の利益率は、それほど大きく伸びていない。

正規労働者がふつうに働いているときの実質週給は、見事に横ばいになっている。これはもう本当に笑ってしまうしかないような話だ。国際金融危機のとき財務長官として国民の税金で大手金融機関を救済したのは、ゴールドマン・サックス出身のハンク・ポールソンだった。時事問題を回顧するインタビュー番組で、「あのころは所得や資産の格差が拡大するという問題も出てきましたが？」と質問されて、「ああ、我々は格差拡大に大いに貢献してやったよ」と爆笑していた。じつに肝の据わった悪党だ。

アメリカはそれだけ圧倒的に企業に有利で、勤労者に不利な社会だ。それなのに、「どうしてもがんばって、アメリカみたいな社会にしなければいけない」と言っている経済学者が、日本にも存在している。このこと自体が不思議で不思議でしかたがない。

金融業界の給与が他産業の給与に比べて、どのぐらい割り増しがあるかというデータを見ると、1910年には全然割り増しがなかった。第一次大戦中、多少割り増しが出てきたけれども、せいぜい1・06倍とか1・07倍どまりで、第一次大戦が終わると、また割り増しなしに逆戻りした。

大恐慌から大不況期は、金融業界が元凶となって起こしたようなものだが、まさに焼け太りで、その頃他産業の給与水準に比べて1・3倍になったのが最初のピークだった。戦後復興期に、もう1度、ちょっとピークがあったけれども、これは大したピークではなかった。しかし、1990年代以降は1・4倍超というべらぼうな伸び方をしている。金融業界は、実は単純事務労働をやる人が多いので業界全体の給与水準はあまり高くないほうがふつうだった。だが、90年代以降は、1つの理由としては単純労働が機械化されて、高等技能、あるいは知識を持った人たちの比率が高まっていることと、もう1つは他産業よりもはるかに利益率が高いので、高給を取っている社員を雇い続けることができるし、あるいは他産業の優秀な人を引っこ抜いてくることができるような世の中になって、ますます差が拡大しているのだ。

国全体で借金が増えるほど、金融業界が儲かる

そのアメリカ国内で金融業界の利益率が上昇した最大の理由は、完全に債務バブルの膨張だった。つまり、企業がどんどん借金するようになればなるほど、金融業界は儲かるという単純な話なのだ。P108のグラフが、あきれるほどの率直さで「借金が増えると誰が儲かるのか?」という質問への答えを教えている。

下段のグラフが示すとおり、アメリカ経済は1930年代の最初のピークの時期に、GDPの270%の総債務を抱えていた。そして、当時金融業界給与の他産業に対する割増率は1・3倍だった。現在、総債務はGDPの299%まで伸びているが、もうこれでピークを打ったのかというと、まだもうちょっと先まで伸びそうだという情勢だ。そして、金融業界給与の他産業に対する割増率は1・4倍を超えて上昇しつづけている。これだけでも、アメリカの所得・資産格差の拡大はさらに深刻になるとわかる暗いデータだ。

さらに、そこで非常に悲劇的な事実が発生している。現代アメリカ経済においては、どんどん儲けてキャッシュが貯まっていく産業と、借金までして積極的に設備投資をして企業規模が拡大している産業とが見事に違っている。情報テクノロジーで、マイクロソフトみたいにオフ

借金が増えると金融業界は儲かる!!

金融業界給与の他産業に対する割増率推移(1910〜2006年)

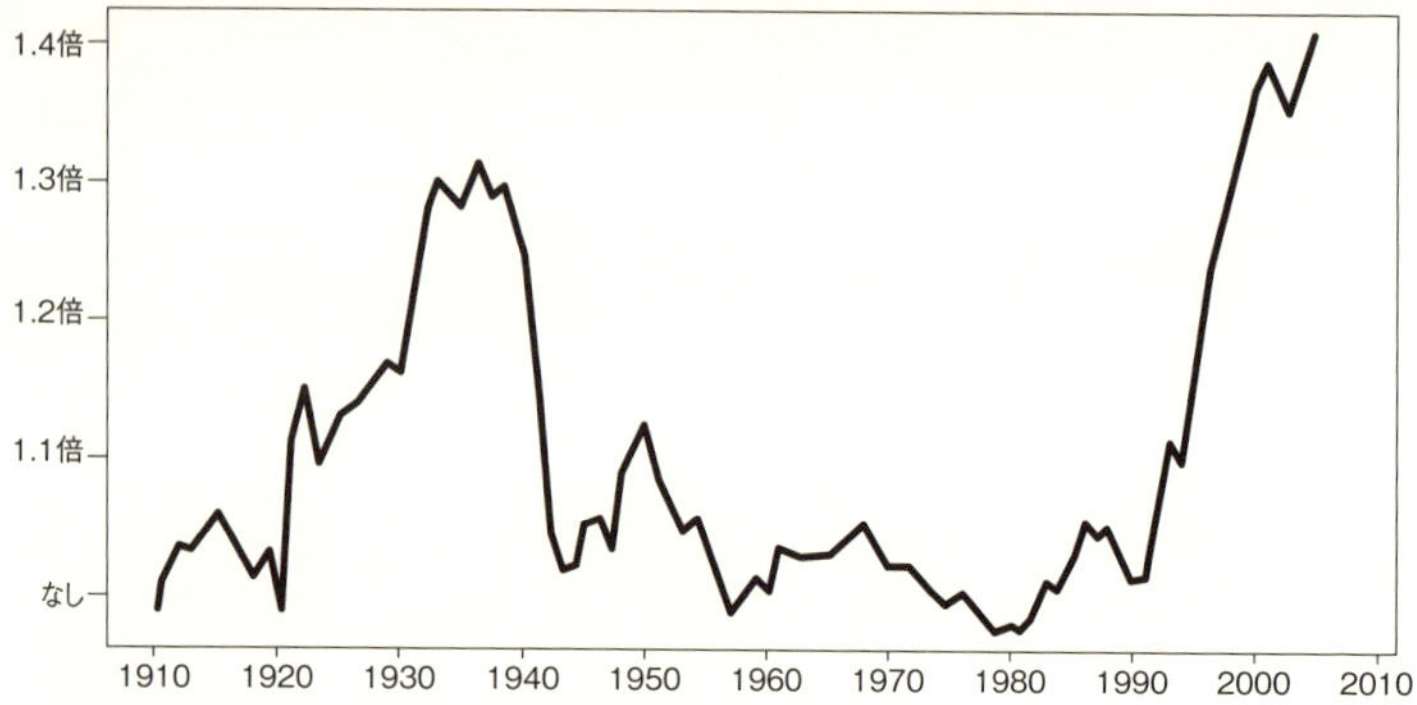

注:金融業界平均給与の非農業民間部門平均給与に対する倍率

全部門信用市場総債務の対GDP比率推移(1915〜2002年)

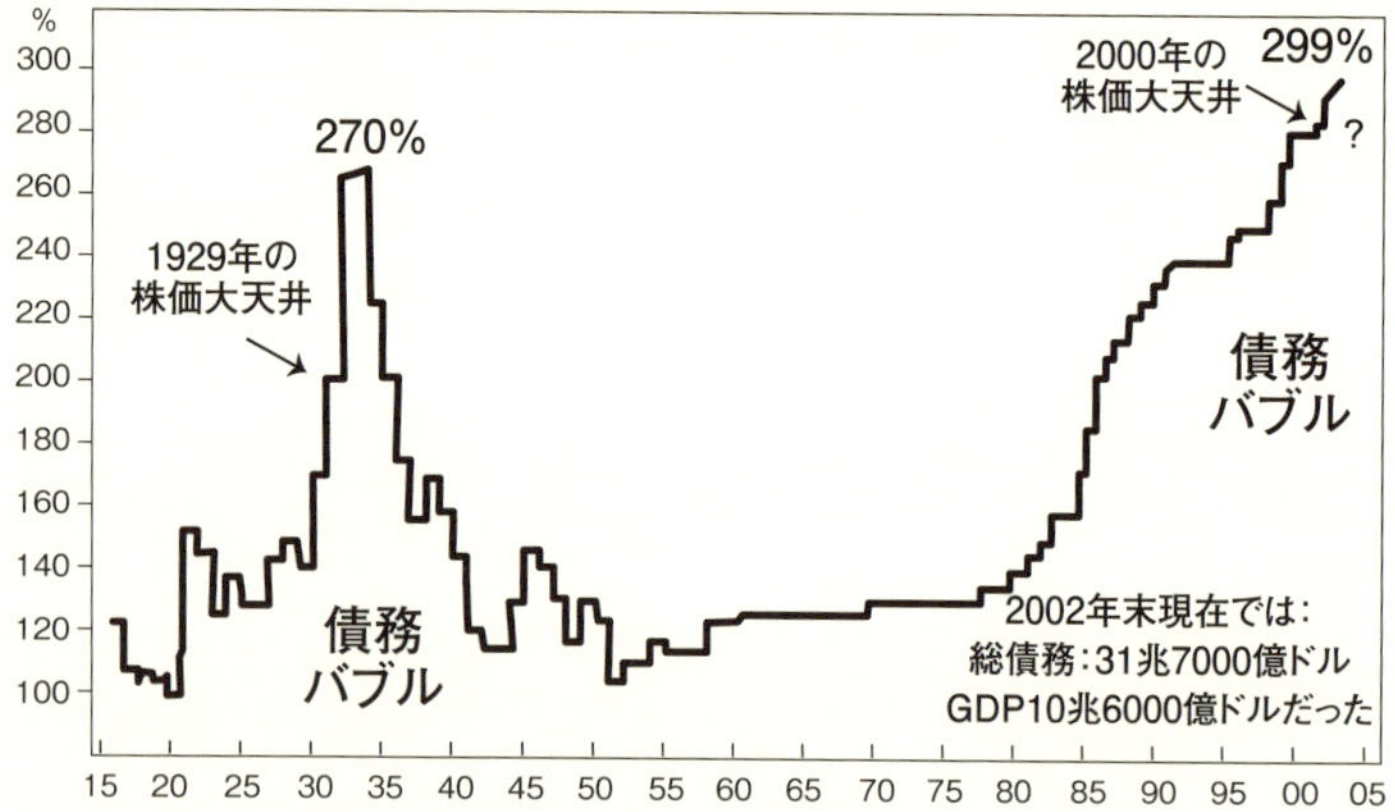

出所:ウェブサイト『Naked Capitalism』、2014年5月17日のエントリーより引用

キャプ金融業界の給与水準が他産業よりどのぐらい高いかは、アメリカ経済全体がしょっている債務(借金)総額と密接に関連している。経済全体で借金が増えるほど、金融業界は儲かる仕組みが定着しているのだ。現在の債務総額の対GDP比率は1930年代大不況期より高い。

イスソフトパッケージを独占しているとか、グーグルみたいに検索機能を独占しているとかの企業はどんどん現金が貯まっているが、今さら巨額の設備投資は必要としていない。だから貯め込む一方なのだが、その現預金の大部分は税制上の理由で海外に置きっぱなしにしている。

一方でエネルギー業界は、あまり利益は上がっていないが、どんどん企業規模を拡大しようとしている。最大の理由は、中国の資源浪費が永遠に続くかのような幻想を持っていて、「中国がどんどん資源を買ってくれるから、新しい鉱脈とか油田とかを発見しよう」という方針なのだ。資源探査の投資とか、あるいは今まであれば実用化できないような、採掘そのものに金のかかる海底油田や、シェールガス・シェールオイルを開発したりしている。

もう1つ特徴的なことがある。すでに説明したとおり、今や株式市場は積極的に企業規模を拡大する会社にとって有益な市場ではなく、どんどん自社株買いをして、解散価値の先払いをする会社にとって有益な市場になっているという事実だ。何が根底にあるかというと、設備投資をすれば儲かる世の中ではなくなったということだ。だから、「景気が悪くて、大胆に設備投資をする環境ではない。それよりは、自社株買いをしよう」という企業を株式市場は歓迎しているのだ。

アメリカ資本主義は、閉店セール実施中

もうすでに株式市場の生産的な役割が終わった。今やアメリカの株式市場全体が閉店セールをやっている。そういう時期なのだ。大手上場企業が、「増配や自社株買いのためにした借金をチャラにしようとすると、有形無形の全資産を売り払ってぎりぎり間に合う」とか「それでも間に合わない」ということが判明するたびに、次々に消えていくだろう。だが、閉店セールの先に待っているのは、株式市場の壊滅ではないだろう。

世の中には見栄っ張りが多い。「俺は政治経済を見通す能力が高いから、純然たる確率で勝負するギャンブルよりは、株を買ったほうが効率よく稼げる」と思う人たちのために、たぶん50年後とか100年後になっても、株式市場は存在するだろう。たとえば馬匹改良が全然軍事力増強に役立たなくなった第一次世界大戦以後も、競馬は消滅しなかった。株式市場が経済の牽引役ではなくなっても消滅しないのは、似たような伝統への執着や郷愁があるからだ。

だが、競馬自体が人馬一体となって疾走する姿を見ているだけで、血沸き肉躍る体験だ。だから、あれほど隆盛しているわけだ。株価の上下を見ていても、自分がいくら得したとか、損したとかの利害がからまなければ、競馬のような興奮をもたらしてくれるわけではない。せい

ぜい「自分は経済情勢を読むのがうまいから、丁半バクチよりこっちのほうが儲かるはずだ」と思う見栄っ張りを集めて細々と営業しているだけということになる。おそらく古典芸能とか伝統行事として存続するだけになっているはずだ。株式アナリストやストラテジストの年収も競馬の予想屋には遠く及ばないだろう。

そして、末期症状を呈するアメリカ経済では、利権集団にとって儲けやすい社会をつくることがまず前提にある。その前提の中で、たとえば軍事産業なら「どこと戦争をすれば、安全確実に需要が拡大するか」という問題になる。また、社会福祉政策で「偉大な社会建設のための貧困との戦争」と大言壮語しても、各論に落とし込むと「国民皆保険制度は、保険会社のロビイングによってできないから、継ぎはぎでなんとかごまかそう」ということになる。そうすると、もっと費用がかかるというような矛盾が社会のあちこちで噴出している。

４０１ｋの模倣は亡国の選択

いまだに日本では４０１ｋをマネすれば、日本の年金は良くなると言っている人たちがいる。だがアメリカは、４０１ｋが主流になってから、とんでもない世の中になってしまった。Ｐ１１３の表が示すとおりだ。

確定給付なしとは、要するに毎年いくら拠出するかが確定しているだけで、拠出した資金がどの程度の収益をあげて、年金として受け取れる額がどう増えるかは、自分の裁量で勝手にやってくれという話なのだ。これを何も知らない素人がやれば、自分自身で売り買いの判断をしてバカをやるか、うまく投資顧問会社などに騙されてバカをやるか、どちらかしかないような仕組みになっているのだ。

この確定拠出で給付についてはなんの保証もないことがいかに悲惨な事態を招くかは、はっきりパフォーマンスに出ている。2008～09年にマイナスになったのは、これは国際金融危機だったからしょうがないという見方はありうる。だがその後、金融市場は回復しているはずなのに、どんどん損が拡大していって、唯一プラスになったのは2013年だけだった。これは2012年にあまりにも大きくへこんだので、反動で一時回復しただけだろう。

その後、事態はさらに悪化した。2016年はまだ完全に締めたわけではないので、実績見込みだろうが、じつに14・8%ものマイナスになっている。結局、2008年以来、たった1回黒字になっただけで、あとは延々赤字が続いている。こういう制度をマネすれば、日本の年金生活者の暮らしが良くなると言っている連中は、いったい何を根拠に言っているのだろうか。

なぜ株価は上がっていたのに勤労者が401kで拠出した資金の運用実績はこんなに悪かったのか、考えてみよう。やはり金融肥大化の影響が非常に大きい。零細な個人の出した資金を

何がアメリカの年金生活者にとって史上最悪の年を招いたのか？

確定給付なしの65歳の個人年金受給者の平均年金収入変化率(2006〜16年)

暦年	平均年金収入の前年比変化
2006	1.3%
2007	4.4%
2008	-2.2%
2009	-8.7%
2010	-2.7%
2011	-8.4%
2012	-11.5%
2013	9.1%
2014	-5.7%
2015	-3.1%
2016	-14.8%※

※は見込み

原資料:Investment Life and Pension Moneyfacts社データ
出所:ウェブサイト『Market Oracle』、2016年9月14日のエントリーより

金融業界の甘いことばに乗せられて、確定拠出型年金に切り替えてしまったアメリカ国民は、これだけ金融市場が活況でも、延々と年金給付額が減少するという悲惨な環境にある。確定拠出型年金は、金融機関の儲けは増やすが、年金受給額は減らすのだ。

取りまとめ、運用する機関がパフォーマンスとは関係なく膨大な手数料を取っているうえに、パフォーマンスが良ければ、その分のボーナスも取ることが多い。これでは、勤労者の年金資金がほとんど増えず、むしろ毎年目減りしていくのは当たり前だ。

積極投資をしているのはエネルギー産業だけという個別の事情もある

もう1つは、そもそもアメリカの産業界全体があまり積極的に設備投資をしなくなっている中で、珍しく積極的に設備投資をしたのが、エネルギーというこれから壊滅状態に陥るのが確実なところだけだということがある。アメリカの金融業界以外に属する企業による純設備投資の対GDP比率というデータがある。純設備投資とは、設備投資をした金額をプラスに数える反面、減価償却などをマイナスに数えている。

この純設備投資で見ると、現状ではGDPの2%分しかしていない。これは過去のサイクルと比べると、2期前のサイクルの大底のときの水準とほぼ同じなのだ。しかも、ほぼピークにさしかかったところで、たった2%だ。2008~09年の大底では、マイナスになっていた。

純ではない粗設備投資、つまり減価償却などを引かずに投資した金額を見ると、こちらは出て行く一方なので、必ずプラスになる。だが、これもまた金融だけではなく、エネルギー・電力ものぞいた数字では、2011年あたりに総設備投資額で3・5%ぐらいで底を打ったものの、ピークに近づいた2015年でも、やっと4・5%程度だった。これはピークで6%、底で4%という過去の水準に比べると、かなり低い。つまり、金融、エネルギー・電力をのぞく設備投資はこれほど低調だったのだ。

やはり、金融はのぞくがエネルギー・電力が入った設備投資は、2011年の底で5%、2015年には6・5%あたりまで回復してきた。これが何を意味しているかというと、エネルギー・電力という、本来地味であまり急激に業績も改善せず、設備投資をやり過ぎればヤケドという小さめのセクターが、非金融業設備投資の半分ぐらいを占めているのだ。

現代アメリカのエネルギー産業は、明らかに過剰投資をしている。4億ドル（約470億円）以上かけて開発する更地からの鉱山採掘プロジェクトの数と規模が、2012年以降ほぼ2020年頃まで急膨張しているのだ。

とくに非鉄金属とか鉄鉱石のプロジェクトで、大規模新規開発のプロジェクトが2014、15、16年あたりに続出してきた。こうしたプロジェクトが実施されている最中に、中国の原材料輸入が激減し、石油価格が暴落し、「行け行けドンドン」で取りかかってしまったプロジェクトが軒並み大赤字必至になっているわけだ。

建設を除く製造業の生産高推移を見ると、世界全体ではかなり上がっている。だが、それを新興国、先進国の内訳で見ると、先進国はもう21世紀に入ってから、基本的に横ばいというよりは、微減傾向なのだ。新興国がものすごい伸び方をしているので、世界全体としては伸びているように見える。ただその新興国のものすごい伸び方の大半は、実際のところ中国1国だという事実が怖いのだ。

この中国における資源浪費バブルの膨張を金融財政面で支援していたのが、結局はグリーンスパン以降の連邦準備制度の錬金術だった。中国経済の「高度成長」は、アメリカ政府による借金である米国財務省債の流通残高の伸び縮みに、中国工業生産高の増減がぴったり対応していることに表れている。Ｐ118〜119の図表が示すとおりだ。

この上下2段のグラフが示すことは、明白だ。アメリカ財務省債の流通残高の山や谷と、中国工業生産高の前年比変化率の山や谷とが、ぴったり一致している。つまり、アメリカ政府が借金までして景気を刺激しようとしても、その刺激がアメリカ国内では金融市場に滞留したままで、実体経済の活性化にほとんどつながらない。だが、太平洋を越えて中国の景気は大いに刺激する。その結果、アメリカで財務省債の流通残高が増えると、中国の工業生産高の伸び率が高まり、減ると中国の工業生産高もへたりこむというわけだ。

アメリカ以外の国が米ドルで買ってそのままアメリカ財務省債のかたちで持っている資金が多くなればなるほど、中国の工業生産高が拡大する。この資金が少なくなると、中国の工業生産高の伸び率が突然下がる。世界中の金融を連邦準備制度が量的緩和でふくらませ続けていることの実体経済への恩恵は中国の工業生産高上昇に出て、金融経済での恩恵はアメリカ金融市場の拡大に出ていたわけだ。

世界各地の金融市場に、アメリカに対して恒常的な経常黒字を持っている国々の官民さまざまな組織が、アメリカから獲得した資金を自国通貨に変えずに米ドルのまま滞留させている。名称は「ユーロダラー」とか「オイルダラー」とか、いろいろな表現をするが「どうせアメリカ市場に投資するのだから、米ドルのまま持っていたほうが得だ」という資金が溜まっているのだ。その資金が膨らみすぎて運用難になると、狭い市場に突然この「なんとかダラー」が大量流入して、バブルが膨張し、やがてはパニックが起きるわけだ。それを何度も繰り返してきたのが、このところだいたい2〜3年に1度は金融危機が起きていた原因なのだ。

アメリカが恒常的な経常赤字を出しながら、なぜ国家破綻せずにやっていけるかというと、資本収支の黒字を維持する、つまりよその国から投融資を引きずり込むという点にかけて、金融市場として世界最大最強だという利点があるからだ。たとえば中国が経常黒字を運用しようとしたら、実質上、アメリカの金融市場以外にはこれだけ莫大な金額の投資を持ち込む先がないという単純な理由でそうなっているのだ。

米国債の流通残高が増えると、中国の工業生産高が伸びるという明瞭な相関関係がある。アメリカの金融緩和はアメリカ国内では金融市場を潤すだけで、実体経済を押し上げる効果は、ほぼ全面的に中国に流れこんでいた。つまり、中国とアメリカは一蓮托生なのだ。

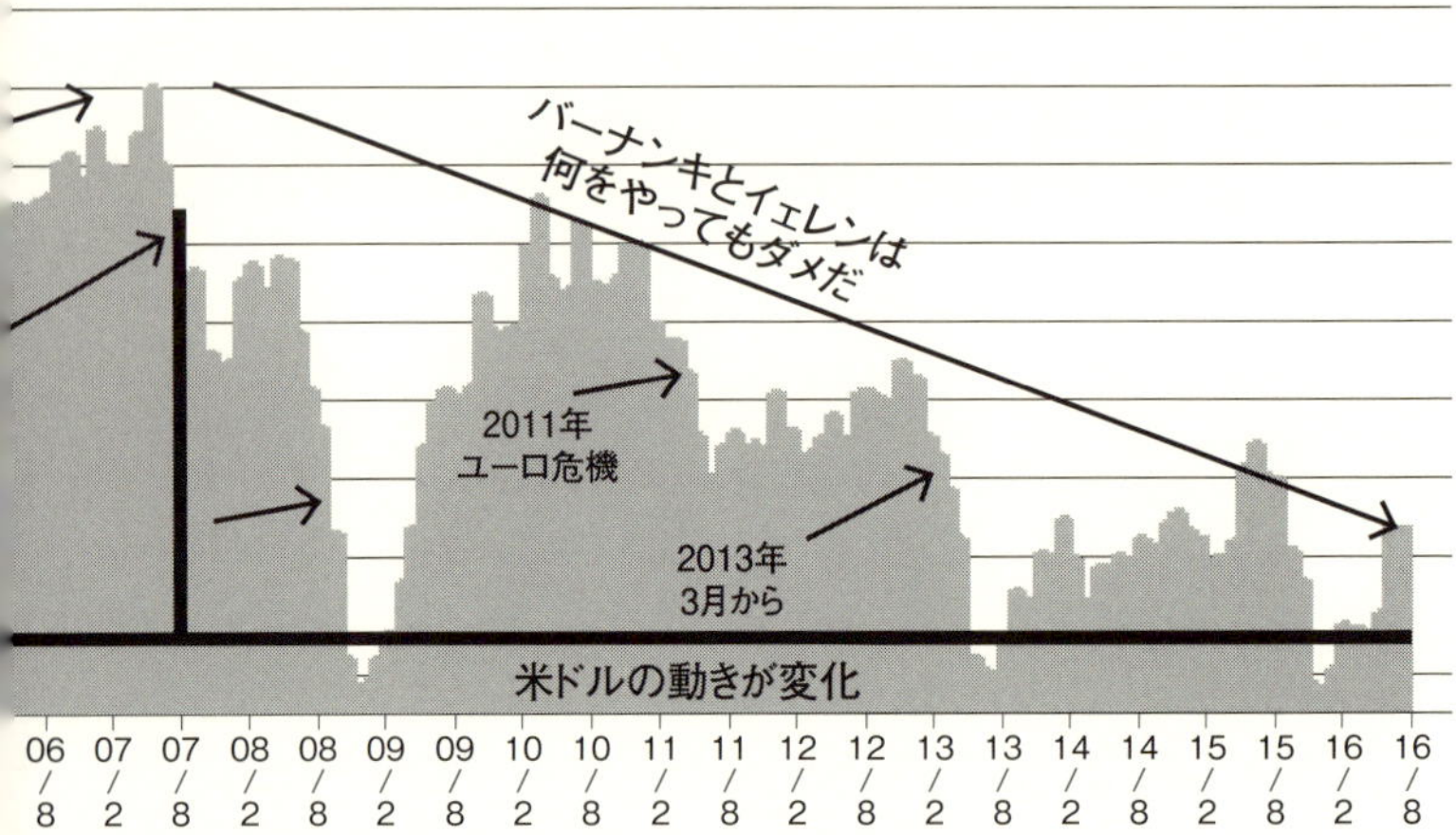

中国工業生産高の前年同期比変化率(1996～2016年)

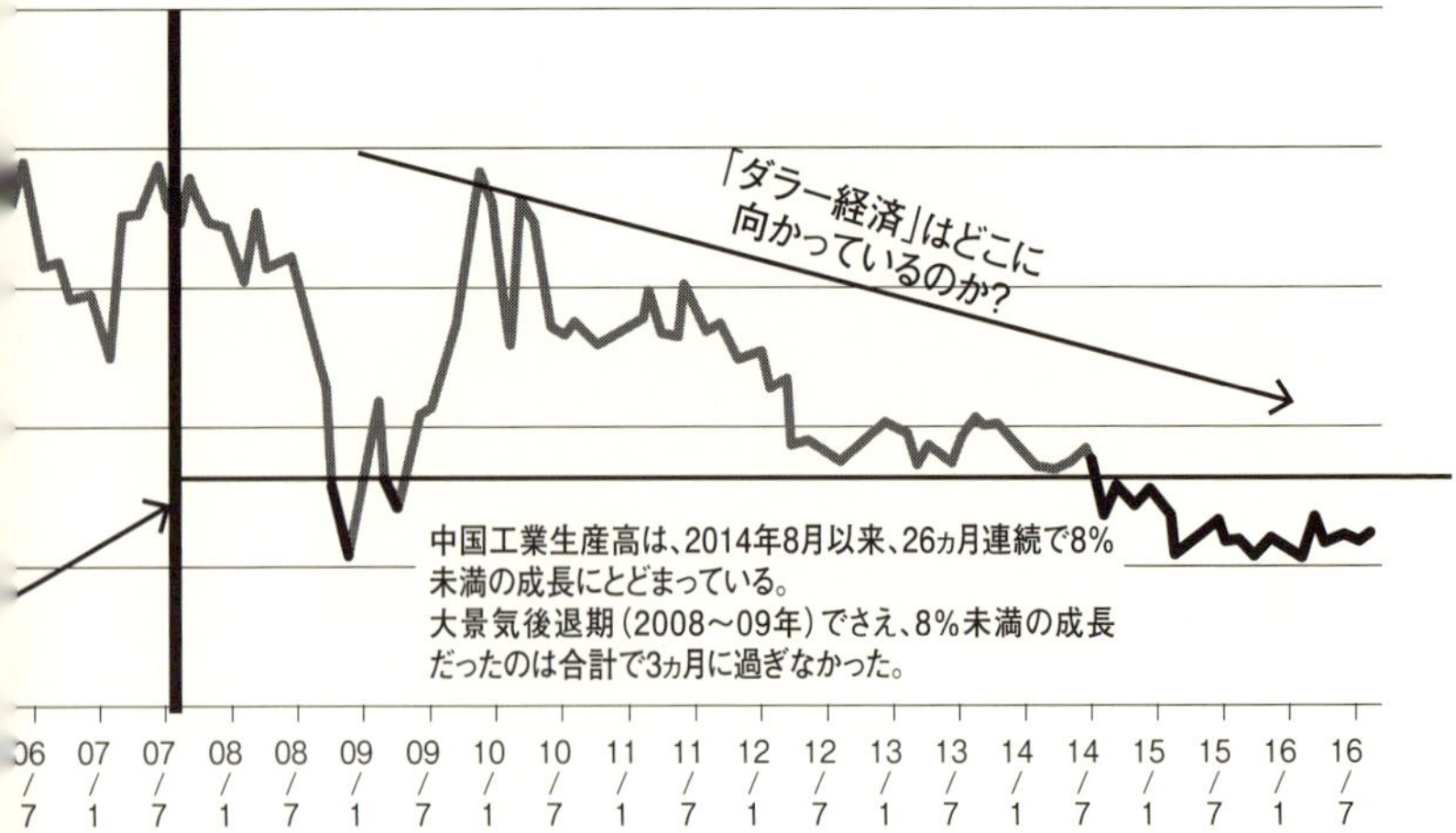

中国の資金需要がアメリカを支えていた!?

米国財務省債流通残高、直近20年間の増減額（1996〜2016年）

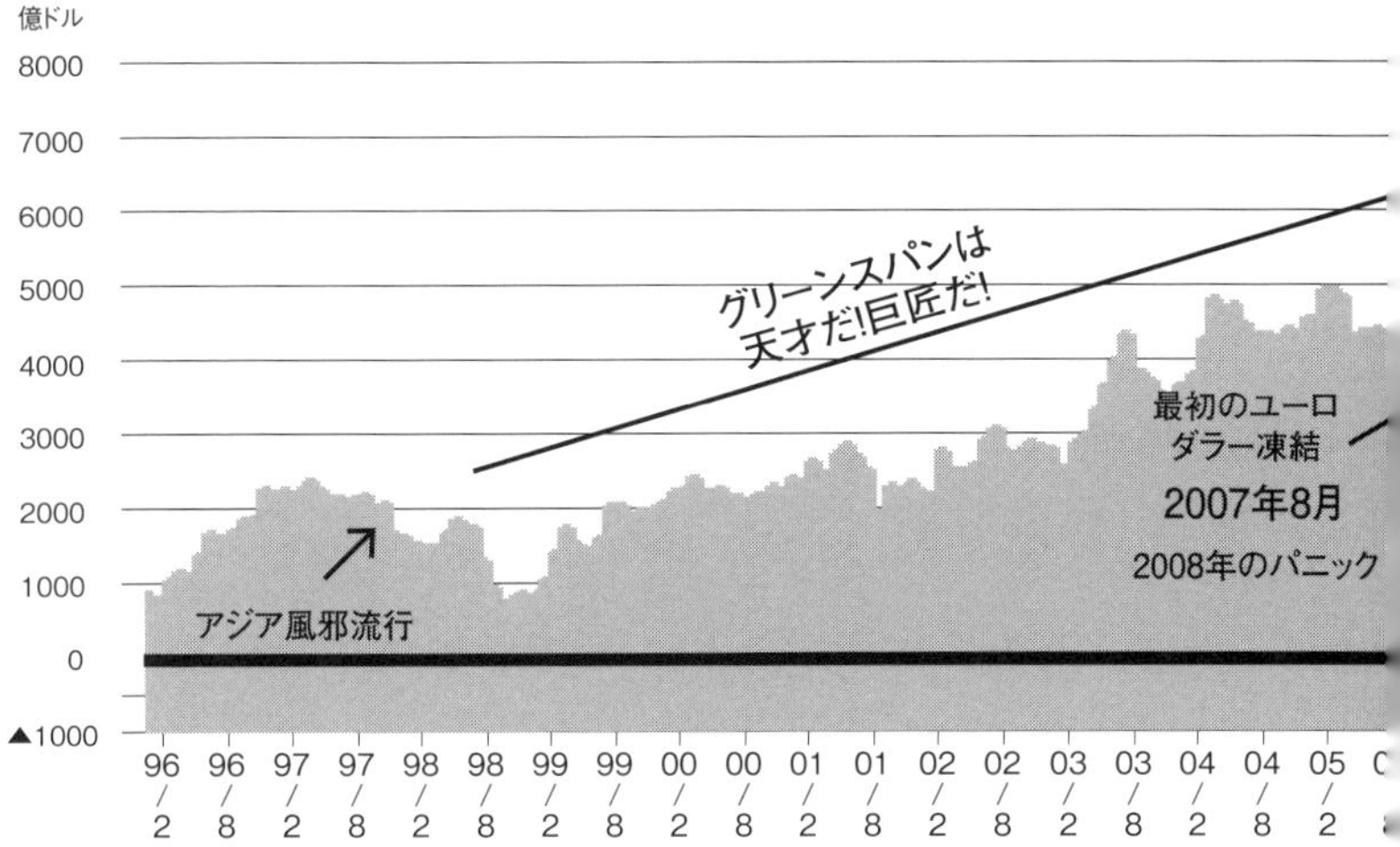

結局、中国こそ「ダラー経済」の正体だった

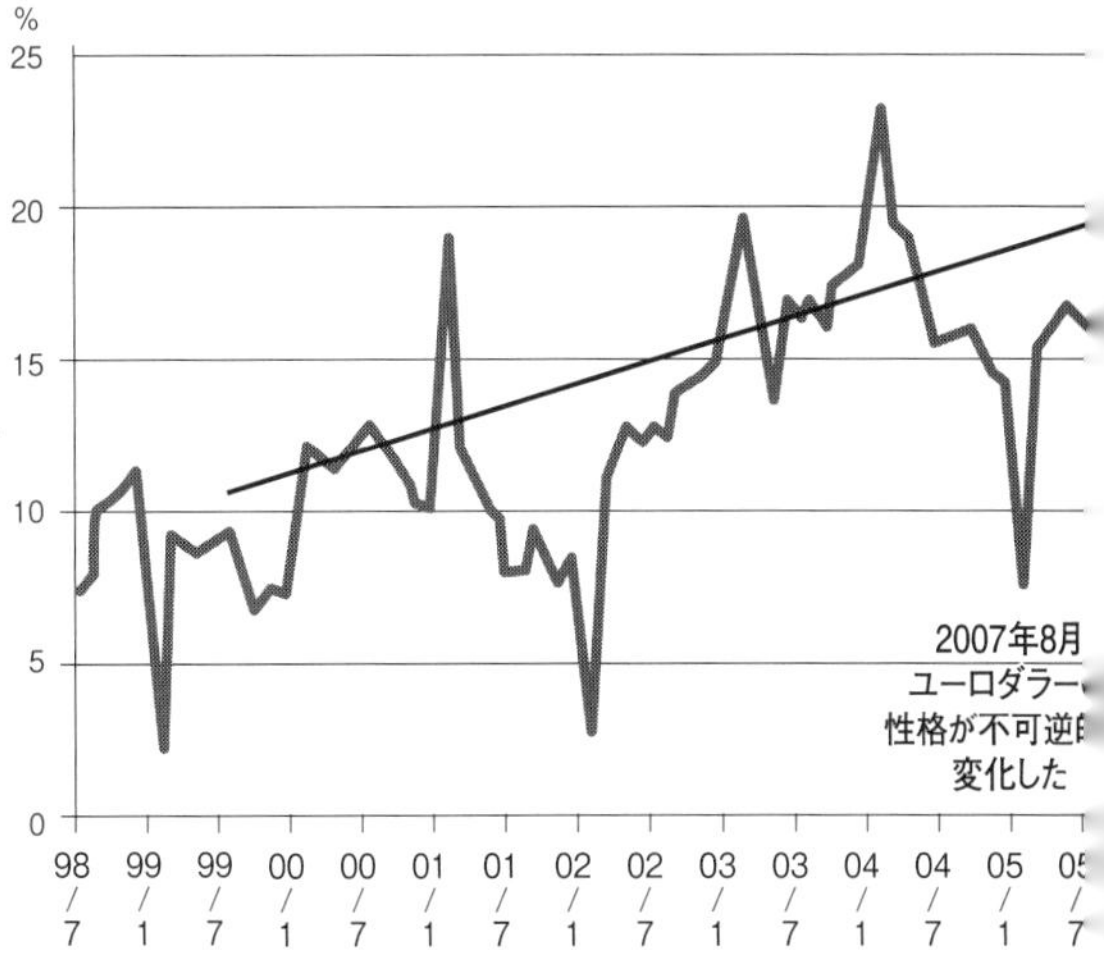

出所：ウェブサイト『Alhambra Investment Partners』2016年10月27日のエントリーより

トランプ勝利で株価が上がったのは、これでアメリカ経済が悪化するからだ

トランプのアメリカ大統領選での当選が確定したときも、ほぼ瞬間的に下げたが、その後、取り戻すどころかはるかに高くなっている。大多数の人は、「トランプは、実際に大統領になることが確定したら、意外にまともなことをやるじゃないか。これで景気は良くなる」という期待で株価が上がっていると思っているらしい。アメリカの株式市場の現状を直視すれば、トランプでアメリカ経済が悪くなるからこそ、株価が上げているということだろう。

トランプの経済政策は、基本的に財政出動をして、どんどんインフラを直すという古めかしい財政出動だ。そうすれば「アメリカに強い製造業が戻ってくる」と思っている。しかも、所得や資産の大きな階層にやさしい大幅減税をするとも主張している。つまり、積極的な政策はほとんど全部借金でやりますということだ。「今まで以上に借金は肥大化しますよ」と言っているのに、アメリカ経済はこれで良くなると評価している人たちが多い。深刻な病的肥満状態にある人がしばしば自分の気休めのために言うように、本人は「財政肥大化なんて全然問題ない」と言っている。だが、他人から見れば「こんなに太っちゃったら、いずれは生活習慣病で

足腰立たなくなりますよ」という話なのだ。

2000年以来の比較的長期で見ると、アメリカでもやはり先進諸国並みに総資本形成、これは事実上、設備投資と同じことと考えていただいていいが、ブラジルとかインドとかがものすごいバブルを起こしているのに比べて、横ばいですごくおとなしかった。ところが、アメリカが深刻なのは、ごくごく短期と言える2011~14年だけを見ると、ブラジルやインドよりもアメリカのほうが設備投資を拡大しているのだ。2011年から14年までのたった3年間で20%も増えている。景気がよほど良ければともかく、ほぼ横ばいの状態で成熟した先進国としてこれだけ設備投資を増やすのは、これから先設備過剰でますます景気が悪くなるしかない。

しかも、その中身がまた問題だ。すでに見たように、今回の「回復感なき景気回復」では、エネルギー産業以外の設備投資は控えめの回復にとどめているのに、エネルギー業界では大手から中小零細にいたるまで、いっせいに設備投資を急拡大していた。そして、中小から零細企業では、ジャンクボンドとかハイイールド債というとてつもなく高金利の社債まで発行して、資金を調達していたのだ。中国の資源浪費バブルがはじけると、こうした企業の中から債務不履行、破綻に追いこまれるところが続出するだろう。

また、財務省が国債を増発し、中央銀行である連邦準備制度がその国債を買って金融市場に資金を供給する「金融の量的緩和」の悪影響も出ている。だいたい2007~08年ごろまで、つまりは国際金融危機の前までは、一応はＧＤＰの増加額のほうが、その年の財政赤字額よりも大きかったので、財政赤字をこしらえた分の穴埋め資金はＧＤＰの増加として稼いでいた。だが、国際金融危機の頃から様変わりになった。２００８～09年は特にひどくて、ＧＤＰは増加どころかマイナスになっていたのに、巨額の財政赤字を出していた。その後も、ＧＤＰ増加分のほうは比較的低水準で横ばいを続けているのに、財政赤字のほうはかなり大きな規模を延々と続けている。

アメリカの大企業は、本質的な意味で無国籍化している

要するに返せないカネを使って景気を良くするつもりでいるけれども、実際に景気が良くならず、ＧＤＰは低迷したままなので、ますます返すあてのない借金の金額が拡大しているという状況なのだ。だが、アメリカの大手企業は全然そんなことを気にしていない。その最大の理由は、アメリカでは国内企業が海外で稼いだ収益と、海外企業がアメリカ国内で稼いだ収益との差額が、ものすごい勢いで増えていることだ。

アメリカ企業だけは海外市場に行くと、べらぼうに儲けている。海外の企業がアメリカに来ても、大して儲かっていない。だからアメリカ国内の景気がどんなに悲惨になっても、大企業

は「我々は国外の利益で十分食っていけるから大丈夫だ」と確信して、平然と財政赤字の垂れ流しを歓迎している。

アメリカ企業も海外企業のアメリカ部門もふくめたアメリカ国内で営業している企業全体の利益額の対GDP比率は、過去の景気サイクルに比べてやや下に来ている。底値がどんどん下がってきていて、昔はどんなに悪くても4％ぐらいだったものが、今は3％ぎりぎりまで落ち込むということもあるほど下がってきている。

その一方で、国民企業利益は、順調に伸びている。国民企業利益とはどういうコンセプトかというと、アメリカの企業がアメリカ国内で上げた利益と、アメリカの企業が海外で上げた利益の合計だ。こちらはサイクルのたびに下値も上値も切り上げて、どんどん儲けが拡大している。とくに中国経済が資源浪費をせっせとやってくれるようになってから、この差が非常に大きくなっている。

2010年以降は国民企業利益の対GDP比率は10％前後で高止まりしている。どちらにもアメリカ企業の国内収益は入っていないので、国内企業利益に対して国民企業利益がこれほど大きいということは、それだけアメリカ企業が海外市場で荒稼ぎしていることを示している。つまり、アメリカの大企業は、アメリカの国内経済がどんどんすたれていって、財政赤字の累積でどうにもならなくなっても「そんなことは知ったことではない。我々は海外での利益が大きいから大丈夫だ」とうそぶくことができる構造になっているのだ。

アメリカでは、今まではであれば企業が負担すべきリスクを、財務省が国債を発行して肩代わりしてやることが増えている。その国債流通残高の中身がどうなっているかを見ると、一番大きく持ち分を増やしてきたのが外国人だ。これは官民となっているが、大部分は外国政府、特に日本政府、中国政府が1位争いをしていて、はるか下のほうにサウジアラビア政府があるという構造になっている。そのへんが、今までは延々と米国債を買ってくれていた。それでなんとか帳尻が合っていたのだが、この構造がどうにもならなくなってきている。

2011～14年の時点で、もうかなり怪しくなっていた。つまり今までずっと、かなり大きなシェアで買っていたBRICS諸国、RのほうのBRICS、要するにブラジル、ロシア、インド、中国、南アフリカの購入額が突然、ほとんどゼロになってしまった。2015～16年の2年間だけ見ると、BRICSはもうマイナスになっている。しかも1100億ドルの売り越しをしているのだ。

そこでもう1つおもしろいのは、LのほうのBLICSなのだが、これはどういう国々だか読者の皆さんにはおわかりだろうか？　Bはベルギー、Lはルクセンブルク、Iはアイルランド、Cはケイマン諸島、Sはスイスなのだ。すべて金融の国であり、タックスヘイブンになっている国ばかりだ。ベルギーは昔から、中国が自国の人民元を使わずにユーロダラーとかオイルダラーを使って米国債を買う際の代理人のような役割を果たしてきたらしい。そのため国民経済の規模に比べて、バカげた量のアメリカ国債を今までは買っていた。そのベルギーが全然買えなくなっている。その他のルクセンブルクとかアイルランドとかケイマン諸島とかスイスとかも、全部ひっくるめて考えてプラスマイナスゼロだ。まったく買い増ししていない。これをBRICSとに足して考えると、アメリカ国債を買ってくれる大需要家が、突然ボコッと消えてなくなってしまったに等しいのだ。

さらに、日本ですら微妙にマイナスになっている。安倍・黒田の命令一下、年金資金とかが当然アメリカ国債も買い増ししているだろうと思っていたのだが、もっと危ない国の外国債はいっぱい買っているが、アメリカ国債だけは少し買わなくなり、むしろ手放しているのだ。

買いはどんどん細っているのに、増発を続けていればどうなるのか？　いずれ償還期限が来ても、アメリカ政府は「財源がないからアメリカ国債を償還することができません」という話になってくるということだ。

アメリカのサービス業主導経済への転換は悲惨な失敗例

もう1つ怖いのは、アメリカがやっぱり製造業からサービス業経済への転換で、一番悲惨な国になるという証拠が、この間さまざまなデータで積み上がっていることだ。就業人口構成を見ると、製造業労働者は2008～09年の国際金融危機でごっそり減ってしまったのだが、その後、ほんのわずかに増える年もあったけれども、微々たるものだった。結局、2008～09年に開けた大穴をまったく埋めていないのだ。

それに比べて何が増えているかというと、ウェイター、バーテンがものすごい勢いで増え続けている。アメリカでウェイター、バーテンという職種に就くと、一般論として低いサービス業に勤める人たちの賃金給与の中でもさらに低い報酬しか得られない。サービス業の平均値が年収2万ドルぐらいだとすると、ウェイター、バーテンは、少なくとも税務署に申告している所得の平均値で言えば1万ドルぐらいにしかならないのだ。年間120万円弱しか収入がないので、自分1人だけでも生きていけないほどの低賃金だ。どうやって暮らしているかというと、たいていはチップで生計を立てている。それぐらい悲惨な職種ばかりが激増しているのだ。

これは決して国際金融危機後の2010年に始まった短期的な現象ではない。昔からかなりの規模で製造業の人員削減、ウェイター、バーテンの増員が起きていたのは、国際金融危機が起きる直前の2007年を基準とすると、ウェイター、バーテンは直近の数字で180万人も増えているのだが、製造業は150万人減っているという数字からもわかる。

飲食店での接客はかなりシクリカル（循環的）な業態で、いいとき、悪いときの差は大きいのだが、2014年ぐらいまでは上昇基調にあったものが、2015年が横ばいで、2016年になってストンと下がっている。にもかかわらず、現在のアメリカ経済ではウェイターやバーテンの数ばかりが、どんどん増えているのだ。これでは少ない仕事を大勢で取り合うから、今までも低賃金だったものが、もっと低賃金になってしまう。

一方、産業分野別雇用増減数データ全体を見ると、「一時雇用をのぞく専門企業サービス」という分野が急速に伸びている。この分野は、サービス業の中では金融に続いて賃金が高い職種が揃っている。ものすごく上のほうは突出して伸びているわけだ。

伸び率ですぐ下の教育・健康は、社会的には不可欠の立派なことをやっている業態だが、日本と同様にタコ部屋労働的なことを平然としてやらせている。そこが増えていて、その次が余暇・接客ということになる。これが主としてレストランのサービス部門とかになるわけだが、この分野も激増している。

また、政府もかなり増えている。アメリカは「小さな政府」を標榜している共和党政権でさえ増えていたし、民主党政権ではもっと増えた。トランプは、このへんも建前としては「小さな政府を目指す」と言っているが、「財政出動を激増させる」とも主張しているので、実際には増えてしまうだろう。

それでは何が減っているかというと、製造業が減って、小売りが減って、情報テクノロジーが減っている。情報テクノロジーが減っているのは、ちょっとブーム期に増やしすぎたので、その反動だろう。しかし、製造業、小売業は一貫して減っている。

製造業ほどではないけれども、小売りもバーテンやウェイター、ウェイトレスをするよりは、ましな給料が取れる業種だ。だいたい2万ドルから3万ドルは取れる業種なのだが、雇用者数は減っている。サービス業の中では例外的に給料の高い専門企業サービスと、逆にものすごく給料が低いところばかりが拡大して、中間層が減るという構図が、ここにも露呈している。

アメリカは、経済サービス化で先頭を走っている。だが、そのサービス業の中での所得・資産格差の拡大でも、先頭を切っているのだ。サービス業とは、ものすごく労働生産性に違いがある業種が寄り集まっている産業部門なのだ。一方には、金融業と専門サービスとか企業サービスとか言われる、弁護士とか公認会計士とか税理士とか不動産鑑定士とか、だいたいにおいて国家資格、あるいはそれに準ずるような資格が必要とされる、高給与の2つの業態がある。この2セクター、金融と専門サービスだけは突出して労働生産性が高くて、それ以外はほとんど全部労働生産性が低い。

サービス業主導の経済になると、やはり低い労働生産性をなんとかしなければ、国民全体が貧しくなってしまうのではないかという懸念にも十分な根拠がある。結局のところ、現状でサービス業に属していて労働生産性が高いのは、独占、あるいはそれに準ずるような立場の人たちだけなのだ。金融業は、一見すると、たとえば銀行業とか生損保とか、いっぱい会社の数があって、大手から中小零細まであるので、あまり独占が支配する産業には見えない。ところが実際には独占になっている。

どういうことかというと、たとえば1つの企業について、「この企業はどのぐらい資産を持っていて、これだけの規模の経営をしているから、このぐらいまでは貸せそうだ」ということを考える、つまり融資のための与信をするのが、銀行にとっては一番重要なコア業務になる。この与信業務をやる際に、どうしても銀行は、ふつうなら競争するはずの同業他社と連携する必要が出てくる。

というのは1つの企業が、あっちの銀行、こっちの銀行から同じ資産と同じ業容で金を借りまくったら、怖いわけだ。そうすると銀行の与信担当者は、競争相手同士で「お宅、この企業にどのぐらい貸してる?」と聞かざるを得ない。そういう関係でつるんでいるので、銀行はいっぱいあっても、1企業として融資を受ける側から見ると、銀行業界全体を敵に回して、細々と戦わなきゃいけないという立場になる。

そういう意味で金融業界全体は、いっぱい社数があっても、預金者から預金としてほとんど金利も払わずに、一方的に金をふんだくるときにも独占として立ち現れるし、融資をするときにも1企業にとっては、銀行業界全体が独占として立ちはだかる。そういう理由で独占性が高いので、金融業界というのはぼろ儲けができるわけだ。もう1つの専門サービスというのも、ほとんどの場合、国家資格を取っていないと営業してはいけないというしばりがあるので、割高な価格設定ができる。

この2つの業態以外でサービスをやっている企業は、残念ながら非常に労働生産性が低いところが大部分だ。とくに日本で言えばコンビニとか牛丼チェーンとか、アメリカで言えばウェイターやバーテン一般が、悲惨なぐらい低賃金で働かされている。この点について、「やっぱり労働生産性が低いので、この程度の賃金しか出せないよ」と言われれば、経済合理性から見れば、そうかなということになってしまうのが、サービス業主導経済のキツいところなわけだ。

世の中全体が、みんなそういう方向に向かったら、低賃金労働者ばかりが圧倒的に多くて、ほんの一握りの金融と専門サービスに従事する勤労者だけがぼろ儲けを続けるという、格差が大きくて悲惨な社会になってしまう。そして、アメリカは確実にその方向にどんどん突っ走っている。この産業構造もまた、アメリカでは近い将来、プアホワイトと黒人・ヒスパニックのあいだに市街戦レベルの被害を出す都市暴動が頻発するのではないかという懸念を払しょくできない理由なのだ。

第3章

中国資源浪費バブル崩壊が暴き出す「グローバル化」の虚構

貿易量縮小は、供給不足が原因か、需要不足が原因か？

オランダ政府中央計画局という機関が、世界商品貿易額指数というデータを収集し、公表している。さまざまな商品を直接量だけ数えて集計しても意味のある数字にならないので「額」となっているのであって、実態としては貿易量統計と見ていい。しかも、あまり特定の国や地域ブロックに偏らない数値として信頼のおける資料だ。

この指数を見ると、すでに２０１６年７月の段階で、２０１５年１月の１１６というピークに比べてかなり下がって１１３となり、２０１４年９月の水準に戻ってしまった。世界の貿易拡大は、１９９５年にＷＴＯが創設され、２００１年に中国がＷＴＯに加盟したという２つの時期が転換点となっていた。世界貿易総額の世界ＧＤＰに占める比率は、１９６０年の約25％から、中国のＷＴＯ加盟直前の２０００年の50％まで比較的おだやかな伸びだった。だが、中国のＷＴＯ加盟以降は２００８年に60％まで急上昇したかと思うと翌年には52〜53％まで急降下し、２０１０年にはまた60％近くに上がるといった乱高下をくり返している。

さて、最近の貿易量減少は、供給が不足しているためなのだろうか？　それとも需要が不足しているためなのだろうか？　こういう疑問を解明するとき重宝するのが、価格データだ。

これまたオランダ政府中央計画局が刊行している、世界の貿易品価格指数というデータがある。たとえば２００８～09年の国際金融危機のような時期には急落していたが、ふつうの景況ではほぼ一貫して上昇してきた指数だ。ところが今回、２０１４年の5月から２０１６年の１月にかけて、金融危機は起きなかったのにマイナス23％という大暴落をしていた。

この時点ですでに、貿易量の減少は供給不足によるものではなく、需要不足によるものだということがわかる。もし、供給不足で貿易量が減少したら、少ない供給量に需要が殺到して、価格は上がっていたはずだからだ。また、この暴落は金融市場の動向とは無関係で、実体経済で原油などの主要資源の価格が急落することによって下がっていたという想像もつく。

これはもう、金融操作ではどうにもならない現象だ。中国があまりにもムダな設備投資ばかりやり過ぎて、最近はもう輸入品を買う金もなくなってきていることが原因だからだ。原油価格が下がり、世界中のありとあらゆる資材の価格も下がった結果として、貿易品価格全体がこんなに急激に下落していたわけだ。

結局のところ、これは前章で説明した連邦準備制度が量的緩和をやった資金がドッと中国に流れ込んで、中国が世界中から資源を買いあさって工業生産高を拡大し、世界中に輸出を増やし、そうすると貿易量が急拡大するという循環だったことを示している。それがあまりにも急速すぎて破綻すると、世界金融危機が起きるという構造になっているのだ。

驚異的な中国の資源浪費

なぜそうなるかということを、具体的な事実で示したのが、P135の図表上段にずらっと並んだ円グラフだ。

中国の資源消費量シェアは、とんでもない量になっている。世界中のコンクリートの60%を中国1国で使っているし、アルミニウムの54%、ニッケルの50%、銅の48%、鉄鋼の46%を使っている。貴金属の金だけはそれほど大きくなくて、23%にとどまっている。石炭の消費量が49%。まだ原子力発電を本格的にやっていないので、ウラニウムは13%だ。このシェアでも、人口と比べると少ないが、経済規模を示す世界GDP総額に占めるシェアとほぼ同一の水準だ。これを集計した時点がたしか2012年か13年の実績なので、石油はまだ12%と、経済規模よりほんの少し小さかった。だがこの後、中国はべらぼうに石油を買っている。もう現段階では15%とか16%になっているかもしれない。

ただ、それは積極的に中国が石油を買っているわけではない。何が起きているかというと、中国は貧しい産油国に対して輸出をするときに「代金は原油現物決済でいいですよ」ということをどんどんやってしまったのだ。2014年夏以来石油価格が暴落したので、たとえばアフ

想像を絶する中国1国の資源消費量シェア

だからこそ、中国経済の失速は、商品市場全体の長期的な衰退を招かざるを得ない

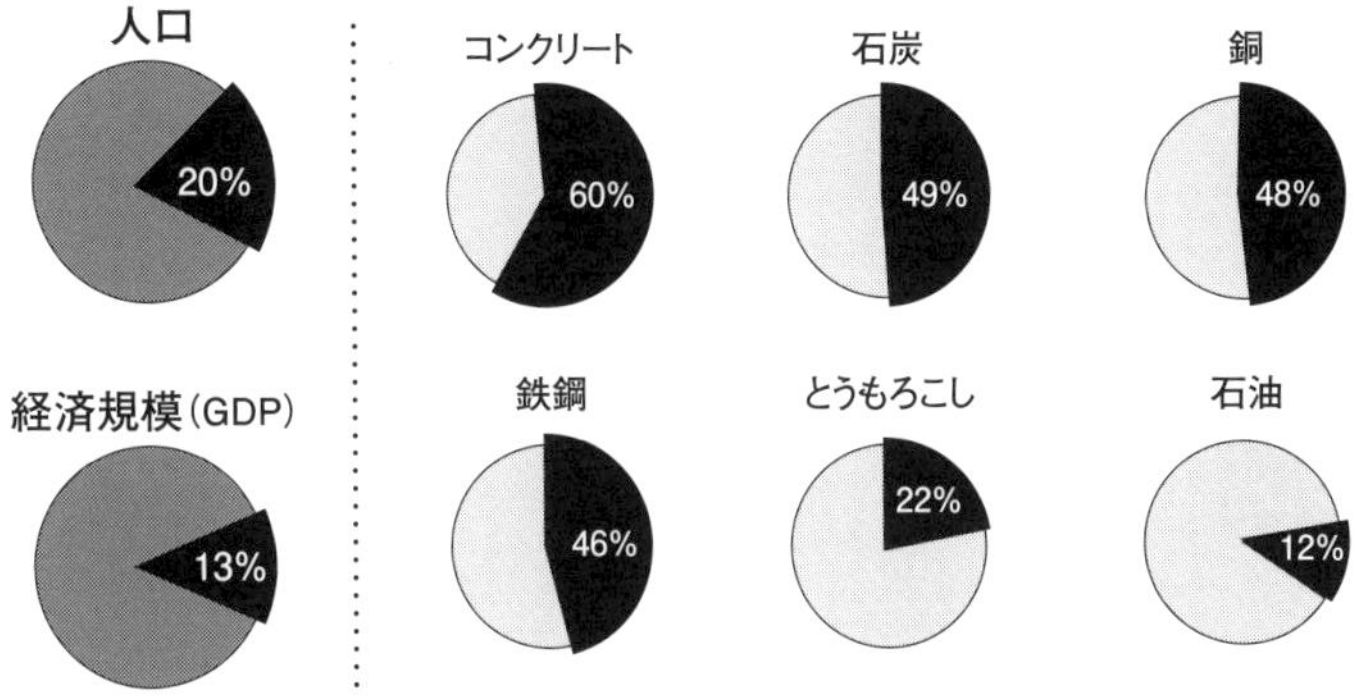

中国は、アメリカが20世紀一杯で使ったより多くのセメントを過去3年間で使った

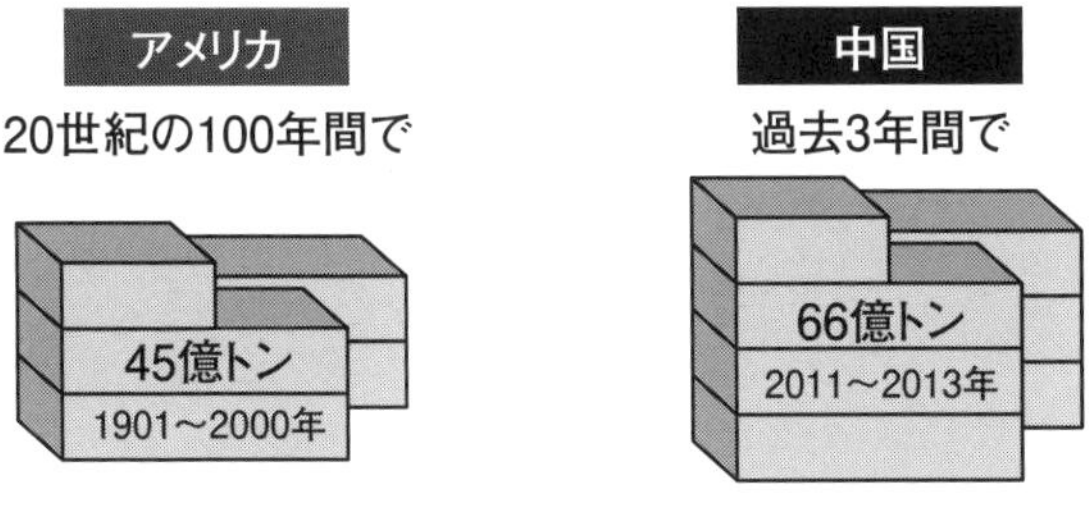

下段の原資料:アメリカ地質調査所『セメント統計　1900〜2012』、同『中国の鉱業　1990〜2013年』
出所:(上)ウェブサイト『Visual Capitalist』、2015年9月10日、
(下)『Things That Make You Go Hmmm』、2014年6月23日のエントリーより引用

中国はGDP規模に対しても、人口に対しても、異常に多くの資源を使ってきた。世界中で生産されているコンクリートの60%を中国1国で使い、たった3年間のうちにアメリカで1世紀かけて使ったセメントの約1.5倍を、資金回収のあてもないムダな投資に浪費した。

リカの小さな産油国で、国家財政の大部分を原油の輸出、しかも中国に対する輸出に依存している国が、中国に対する輸出額でアメリカを抜いたという珍事件があった。

原油現物決済で中国から工業製品を買っている国々では、原油価格がほぼ半減したために中国への原油の輸出量が突然倍増してしまったという国も多い。こうした事情があって、中国の原油輸入は、2016年秋の時点でもまだ増えていた。いくらなんでも中国としては、そんな割に合わない商売をし続けるわけにいかない。契約期間が切れたり、中国がこの契約を破棄したりすると、中国の原油輸入量も激減するだろう。

同じ図表の下段の小さなグラフにも注目したい（P135）。アメリカは20世紀の100年間でセメントを45億トン使っただけなのに、中国は2011〜13年の3年間だけで66億トン使ったという、冗談としか思えないようなことを、実際にやっていた。

とんでもない量の資源を買って、なんとかそれを製品化して、しかも設備投資をしたということにして、国民経済にとって損失ではなくて、プラスの貢献をしていることに、一応はなっているわけだ。ただ、その設備のかなりの部分は、建てはしたものの入居者が全然いない高層マンションだったり、全然テナントのつかない高層オフィスビルだったり、人も車も通らない道路だったり、対岸に何もない橋だったりする。

「エネルギー消費量の増加が経済を成長させる」説は、すでに迷信となっている

世界経済は、エネルギー需要と共に成長するという伝説というか神話が、延々と続いていた。これもまた、中国の世界貿易に占めるシェアが急拡大する前は、ある程度真実と言えていたところがある。世界で1人あたりの年間石油換算エネルギー消費量と経済成長が連動していた時期というのが、だいたいソ連東欧圏が崩壊する直前ぐらいまでだったが、ほぼ順調に経済成長に合わせてエネルギー消費量も拡大していた。

中国がWTOに加盟してからは、世界経済の成長率は、横ばいに近いほど下がってきたのに、エネルギー消費量だけはべらぼうに伸びている。しかもその大部分は中国1国だけのエネルギー消費量急上昇に依存した伸びなのだ。大部分は石炭だが、中国の石油消費は非常に低い水準から出発したので、中国内の石油消費量も伸び率としては非常に高い。それが世界中の石油需要を支えていたために、バレル当たり100ドル超の水準が2011〜14年にわたって続いたわけだ。

エネルギー需給から見ても、もう先進諸国では製造業主導の世の中ではなくなったという証

拠がある。２０００～15年のあいだに、ＯＥＣＤ諸国では労働力人口が６８００万人も増えていたのに、原油消費量はすでに日量で２８０万バレルも減っていた。つまり先進国では、労働力人口が増えてもエネルギー消費量は減る時代に、もう突入しているのだ。

にもかかわらず、なぜ石油がバレル当たり１００ドルを超えるバカげた値段になっていたかというと、それはほとんど唯一、中国がべらぼうな資源浪費をしていて、その中国の資源浪費の恩恵に与って、ブラジルとかロシアとかの資源国も原油消費量をばかばかしいぐらいに拡大していた。それだけのことだった。

インド、アフリカは、労働力人口の伸び率は非常に高いけれども、経済発展そのものが遅れているので、今でも人口が相当増えてもあまり原油消費量は増えない状態にある。それに比べて、２０１５～30年にどうなるかという予測を、国際エネルギー機関（ＩＥＡ）が出している。まず、人口動態がかなり大きく様変わりする。この時期についての労働力人口予測は、実は予測ではない。というのは、２０１５～30年のあいだに16歳以上という労働力人口に達する人間は、もうすでに今の時点で生まれていなければいけないからだ。乳幼児死亡率とか成人の死亡率とかの本当に小さなコンマ以下の数字が動くだけで、大勢としては既定の数字なのだ。

２０１５～30年にＯＥＣＤ諸国の労働力人口は３００万人の増加に伸び方が低下する。中国、ブラジル、ロシアは、中国がちょうど一人っ子政策の弊害が一番深刻に出てくる時期なので、

2000万人も減ってしまう。一方、いまだに食糧難に苦しむ人も多いインド、アフリカでは5億人も増えることになる。

それに比べて、原油消費量がどのぐらい増えるか減るかという国際エネルギー機関による予測は、これはまったく絵空事としか言いようのない数字になっている。OECD諸国は、労働力人口が7000万人近く増えていた期間に日量で280万バレルも減っていたのに、今度は300万人しか増えないのに10万バレルしか減らないと主張している。

中国、ブラジル、ロシアは労働力人口が2000万人も減るのに、原油消費量は500万バレルも増えるというのもまた、妄想に近い数値だ。インド、アフリカは労働力人口が5億人も増えるから、原油消費量もIEAの予測どおりに日量で360万バレルぐらい増えてもいいだろうと思える。だが、これらの国々の経済状態を考えると、それほど増やせるかどうかわからない。

原油は、バレル当たり20ドル前後が適正価格になる

つまり、世界的スケールで石油需要が壊滅状態になる。なぜかと言えば、結局は先進諸国で製造業が成長しなくても国民経済はやっていけるし、むしろそういう国々のほうが豊かになっ

ているということなのだ。それはP141の図表下段のグラフにはっきり表れている。

まず上段の原油価格の長期推移を見ると、1880年代以降1960年代末まで、名目価格としては延々と低水準で横ばいが続いていた時期に、実質価格は非常に大きく低下していた。実質価格が1バレル当たり120ドルという最高潮に達していたのは、まだガソリンエンジンが発明されていなかった頃で、原油は灯油にも細々と使っていたが、旅回りの実演販売屋が「万病に効く薬」として飲ませていた時代のことだった。

それが1971年の第1次オイルショックで急上昇し、79年の第2次オイルショックでまた急上昇した。だが、これは消費の実態がついていかない上昇だったので、実質で見るとすぐまた第1次オイルショック直前ぐらいの水準まで下がっていった。この1979年のピークから1998年までの下げ方が、現代経済においてバブルのない時期の石油の実力と見ておくべきだろう。つまり、もうこれからは実質価格が下がることはあっても、上がることはないはずだ。それは世界中で生産工程が省力化されているとともに、モノへの需要より、コトすなわちサービスへの需要のほうが大きくなっているから当然のことなのだ。

そのへんの事情を示すのが、下段の『世界GDP合計額中の原油購入費シェア推移』だ。このグラフを見ると、1979年の第2次オイルショック直後に突飛高で9%を超える水準になった。だが、2~3年でたちまち下がっていた。この第2次オイルショック前後の乱高下を除

近年、原油価格は中国の需要で押し上げられてきた

原油名目・実質価格の超長期推移(1861〜2014年)

原資料:BPエネルギー統計　2015年版のデータをEuan Mearnsが作図
出所:ウェブサイト『Energy Matters』、2015年8月11日のエントリーより

世界GDP合計額中の原油購入費シェア推移(1970年代初頭〜2016年)

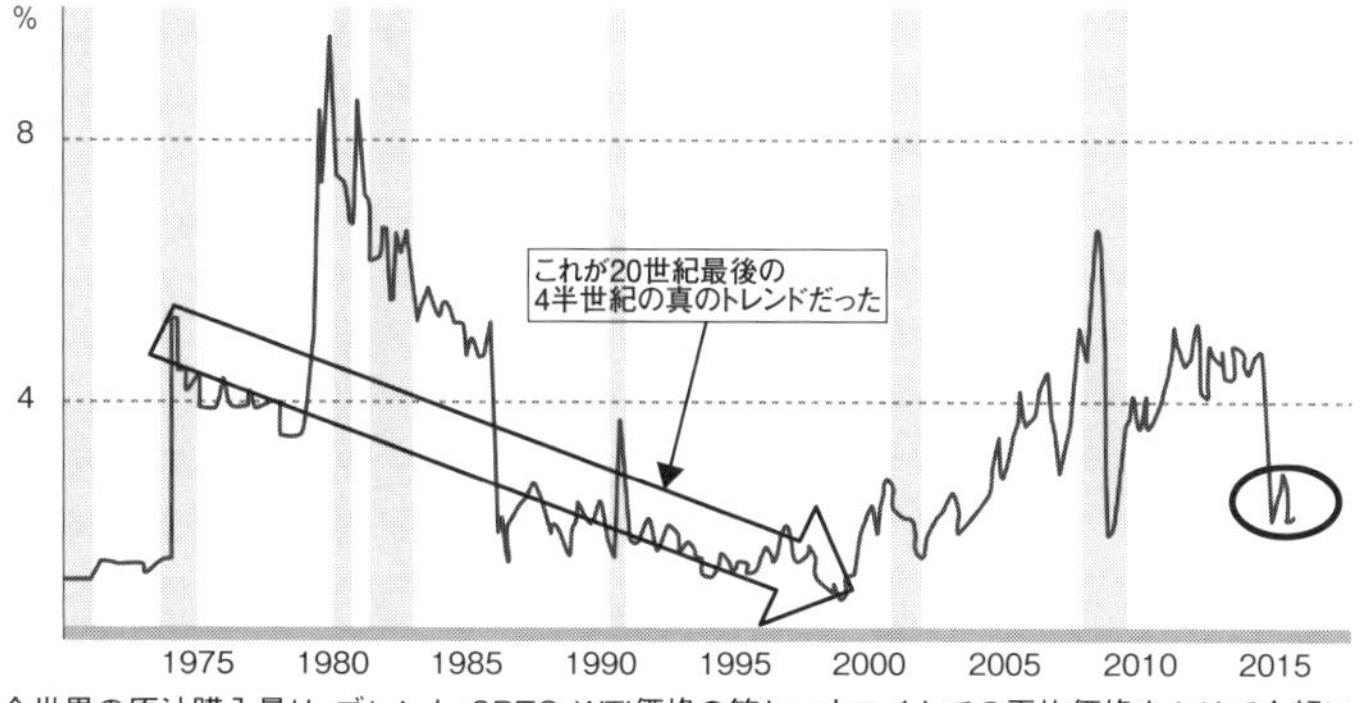

注1:全世界の原油購入量は、ブレント、OPEC、WTI価格の等しいウエイトでの平均価格をかけて金額に換算し、世界のGDP合計額に対するシェアを算出している。
注2:シェードは全米経済研究所(NBER)の定義による景気後退期を示す。
原資料:MRB Partners
出所:ウェブサイト『Alhambra Investment Partners』、2015年10月11日のエントリーより引用

中国の異常な資源浪費ぶりは、中国経済成長の加速前は長期的に低下していた世界全体のGDPに占める原油購入費シェアが、成長加速とともに上昇に転じたことからもうかがえる。だが、その中国でさえ買い支えられなくなっているので、原油価格はさらに下落するだろう。

くと、第1次オイルショックの1971年頃から2000年まで、趨勢としては着実に下がり続けている。5％弱から2％台にも達しないところまで下がってきていた。

中国経済の「大躍進」がなければ、人類はとっくの昔にエネルギー制約から解放されていた

それが、中国が資源浪費バブルを派手にふくらませてから、もう1度7％近くにまで上昇した。これは世界金融危機のどん底の2008～09年頃のことだった。結局、20世紀最後の四半世紀には、第2次オイルショックの一過性の上昇時以外、一貫して原油購入費の対GDPシェアが下がっていた。2000年の時点では約1％、農林水産物購入費よりやや低めになっていた。

中国が資源浪費ロケットの第3弾に着火したので、2010年にはふたたび5％台に乗せた。だが、2014年夏以降の原油価格暴落で、もう1度下がってきた。それでもまだ2％程度もあるので、価格と数量をかけた数値が、適正水準と思われる1％、すなわち現状の半分ぐらいまで下がるだろう。

「消費がモノからコトへ移行する」という当然の現象に逆らったのが、中国だった。中国では

どんどん資源を買ってものをつくるということに、膨大な資源を浪費してきたわけだ。国際金融危機に際しては、連邦準備制度を救うという目的もあって、中国はさらに資源浪費のアクセルを吹かした。このへんでも、アメリカと中国は、少なくとも上層部では結託していることが露骨にわかる。そういう努力をしても、やはり経済合理性のないところに落ち着くわけはなく、世界の原油購入費の対ＧＤＰシェア上昇は一過性にとどまったわけだ。

つまり、原油を購入する金額は農林水産物を購入する金額よりも、ちょっと低いぐらいで落ち着くのが、本来あるべき姿なのだ。エネルギー源１つのために、べらぼうな大金をかける意味がないという世の中になってきたのだ。

なぜそれが世界経済にとって深刻な問題かというと、これから先の世界をどう見るかということにかかわっている。Ｐ１４４の図表は非常に興味深い表となっている。

この表は、主要な生産様式が変化するとともに、人間１人当たり、何キロワット時のエネルギー消費をしてきたかということを示している。

他の動物同様、エサがあれば捕食するけれども、積極的にエサを取りに行くことさえしない状態では、１人当たり１００キロワット時で済んでいた。その頃の人口密度は、平方キロ当たり何人と特定することができないほど小さかった。それが狩猟、漁労、採集経済になると３倍増して、１人当たり３００キロワット時必要になった。この頃には平方キロあたりで0・02〜

人類のエネルギー消費は農耕・牧畜で一気に増大した

主要生産様式変化にともなうエネルギー消費量と人口密度の変遷

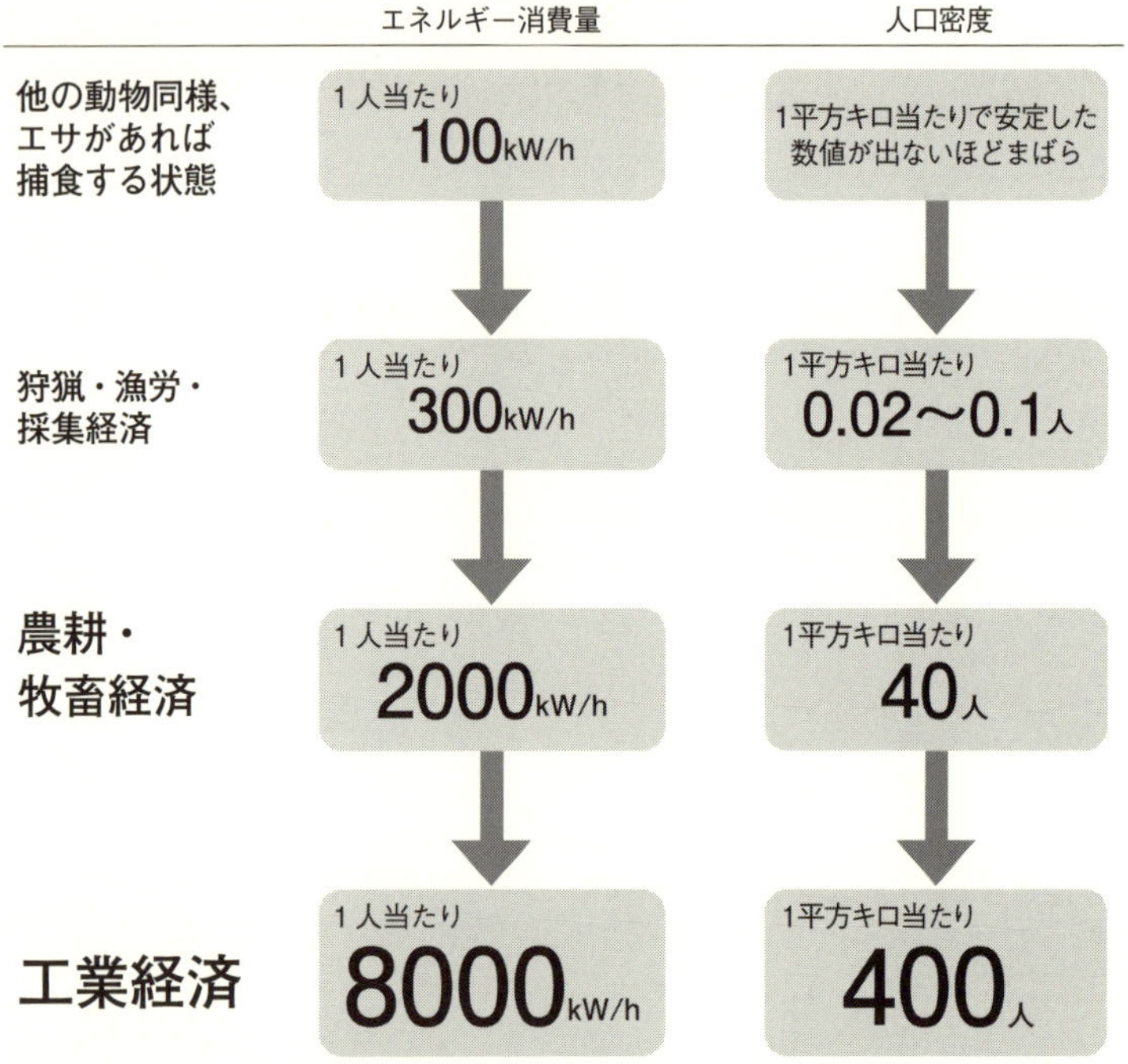

原資料:Yadvinder Malhi著『The Metabolism of a Human-Dominated Planet』論文
出所:イアン・ゴールディン編『この惑星は満員だ』(2014年、オックスフォード大学出版会刊)所収の『人間でいっぱいの惑星の新陳代謝』より一部修正して作成

主な生産様式が変わるたびに、人類の1人当たりエネルギー消費量は拡大してきた。だが、今後、製造業主導からサービス業主導に変わると、史上初めて1人当たりエネルギー消費量が減少に転ずるだろう。つまり、人類がエネルギー資源制約から解放されるということだ。

0・1人と数字がちゃんと算出できる水準に上がっていた。

すごくおもしろいのは、人間がどのぐらいエネルギーを消費するかという点で一番大きな転換点になったのは、実は工業経済ではなくて、農耕牧畜経済に変わったときだという事実だ。このとき、一挙に300キロワット時から2000キロワット時まで、約7倍になっていたのだ。人口密度のほうも、平方キロ当たりで、それまでコンマ何人だったものが、40人と激増している。

それに比べると、農耕牧畜経済から工業経済への転換では、それほどエネルギー消費量が激増したわけではない。2000キロワット時から8000キロワット時へと、4倍になっただけだ。人口密度も40人から400人へと1桁上がっただけだ。

つまり、人間が自然を人工化する試みの中で一番大きな転換点になったのは、農耕牧畜経済だった。これはたとえば、地表の姿を見ても、農耕の手の及んだところは明らかに人工的な景観になっている。そして、その地表面積に対する比率はかなり大きい。しかし、工業経済でどんなに大きな工場やオフィスビルを建てたところで、点にとどまる。それぐらいエネルギー消費量は、農耕経済で画期的に変わって、工業経済ではそれほど大きな変化ではなかった。

さらにこの先が、興味津々だ。つまり、これがサービス主体経済になるとどうなるかという点だ。人口密度はさらに1桁上がって、平方キロ当たり4000人ぐらいになるだろう。東アジア大都市では、だいたい今の時点でもうこの水準を超えているはずだ。それでは、エネルギー消費量はどうか？

1人当たりのキロワット時は、明らかに減少するだろう。効率よくインフラを大都市に集中して整備することができるようになり、工業生産に従来ほどのエネルギーを使わなくて済むようになり、しかも工業生産が国民経済に占める比率は、どんどん下がっているのだから。

ということになると、人類史上初めて、消費するエネルギー量が減っても、経済発展が持続できる世の中になる。資源制約という点で考えれば、人類は本当に深刻な制約から解放されるすばらしい時代がやってくるということなのだ。

ただ、世界中の大企業にとっては、それでは困ることがある。原油市場はべらぼうに大きいという事実だ。P147の図表をご覧いただきたい。

バレル当たり50ドルという昨今では高水準で計算した場合に、原油市場だけで1兆7200億ドルもしている。この規模に匹敵する他の資源市場は、まったく地上に存在しない。その他で一番大きな金地金の市場でさえも、1700億ドルで、原油市場より1桁小さい。

鉄鉱石は量では世界最大の市場だが、金額にすると1150億ドルとはるかに小さな第3位だ。世界中の金属や金属の原材料になるあらゆる素材を全部ひっくるめても、原油市場規模の半分にもならないぐらい小さい。あらゆる金属市場はそれぐらい小さいのに、原油市場だけが

原油市場は、あらゆる金属原材料市場の合計より規模が大きい

原油の数量ベースでの世界市場規模は、2015年時点で日量9400万バレルだった

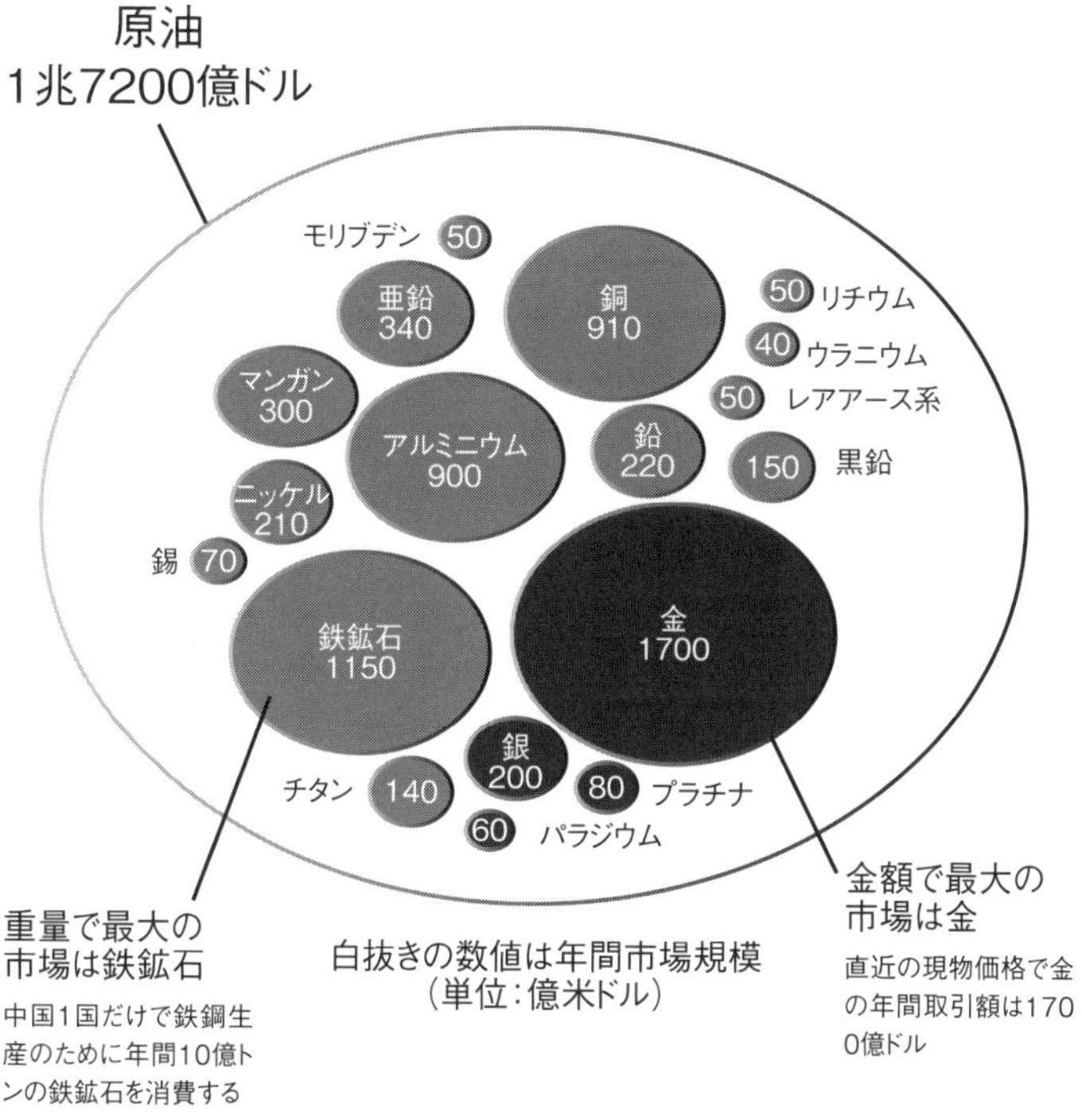

原資料：Infomine,米連邦エネルギー省エネルギー情報局、World Gold Council、Johonson Matthey、Cameco、Benchmark Minerals
出所：ウェブサイト『Visual Capitalist』、2016年10月14日エントリーより

人類が資源制約から解放されるのは、すばらしいことだ。だが、エネルギー資源や金属資源の採掘・精製に特化している企業や産油国を始めとする資源国にとっては、きびしい時代になるだろう。逆に、世界一エネルギー・金属資源の輸入依存度の高い日本には、好機となる。

突出して大きい。だが、それは50ドルというまだ長期低落の通過点に当たる価格で評価しているからであって、最終的に原油価格は20ドル台か10ドル台に下がるだろう。

「グローバル化」は幻想だ

まず原油市場がそれぐらい深刻な収縮をすると、世界のほかの原材料市場規模はどうなるだろうか？　それでも他の金属原材料市場は、横ばいを保つとか、少し拡大するとかがあり得るかというと、そんなことはないだろう。軒並み、石油ほど露骨にではなくても、市場規模が収縮するだろう。そうすると何が起きるか？　資源国全滅という世の中になる。もうその徴候は、オーストラリアあたりで露骨に見えてきている。

オーストラリア、ロシアは一時的にではあれ、国民経済が壊滅するような危機に陥るだろう。だが、日本はそれで何か損することがあるのかということだ。日本はエネルギー資源、金属資源をほとんど全量輸入している。安くなっていいことはあるけれども、損することは、ほとんど何一つない。だから「資源で首根っこを押さえられるから、日本経済はやはりダメだ」という話は、まったく経済論理を無視した主張なのだ。

もう第二次世界大戦直前のＡＢＣＤ（アメリカ・イギリス・中国・オランダ）包囲網のよう

なものが再現されるという脅威はまったくない。資源は、ありとあらゆる資源国が「安くしますから、少しでも多く買ってください」と日本にもみ手で売り込みに来る世の中になるのだ。

中国の資源浪費がなくなると、世の中どう変わるかということを先駆的に示したのが、バルチックドライ海運指数だった。最高値は8000を超えていたし、2010年にもまだ3500台を維持していたのだが、その後次々に最安値を更新して、2016年春には300を割り込むほど低迷している。

そして、世界貿易量の前年比上昇率も、やはり2010年のピークで18％という水準は、あまりにも急激な成長率だった。2014年に一時回復して8％近くまでいったけれども、これもまたどんどん下がり続け、2016年に入って2％台を割りこんでいる。

そもそも工業経済からサービス経済に変わる時代に、貿易量が増えるわけがない。工業製品の大部分は貿易が少なくとも可能であるし、かなりの部分は実際に貿易によって諸外国に行っている。だが、サービスはあまり貿易して得になることのない分野がほとんどなのだ。だから、今後の世界経済で貿易量はどんどん増えるという話もウソなら、世界のグローバル化が進むという話もウソなのだ。むしろこれから先、経済に占めるサービス業の比重がますます高まると、貿易量はだんだん減っていくことになる。

借金頼りの製造業拡大に突っ走った中国は、前途多難

世界経済がサービス化する中で、中国はとんでもない銀行総資産の膨張によって製造業の急拡大を進めてきた。Ｐ１５１の図表上段のグラフが、いかに狂気じみた拡大だったかを物語っている。

とくに注目すべきは、このグラフが伸び率ではなく実額の比較だという事実だ。アメリカの銀行総資産が約15兆ドルと国内総生産（ＧＤＰ）より若干低いところにとどまっているのに、中国の銀行総資産は26～27兆ドルとアメリカの銀行総資産よりはるかに大きく、約10兆ドルの国内総生産の2・5倍ぐらいになっている。

しかも、外貨準備に余裕があったころは、米ドルを運用してアメリカ国債とか、アメリカ企業の株とかをかなり大量に買っていたので、その分は国内投融資には向けられていなかった。だが、今では外貨建て資産は放出する一方でどんどん縮小している。ほかにも、中国では銀行が直接企業に融資をする際には、いろいろ金利などの制約があるので、だいたい銀行はノンバンクがやっている理財商品などを売り買いして収益を稼いでいる。つまり、直接の対企業融資は、銀行に理財商品を売っているノンバンク、シャドーバンクが実行しているわけだ。

中国はGDPの半額を投資に使っている!!

米中銀行総資産推移(2004〜2013年)

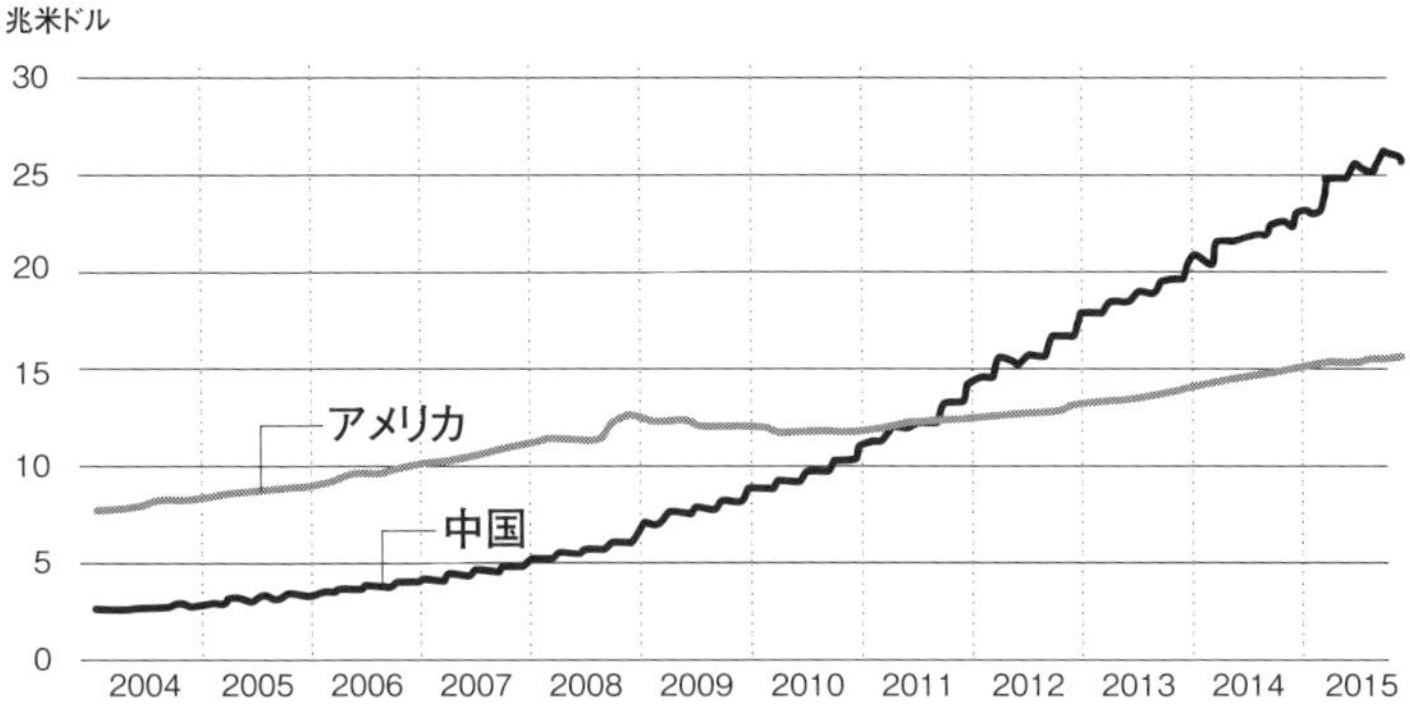

原資料:ブルームバーグ、ETM Analyticsの資料をStratfor.comが作図
出所:ウェブサイト『Financial Sense』、2016年4月27日のエントリーより引用

中国・新興国・先進国の投資の対GDP比率推移(1980〜2015年)

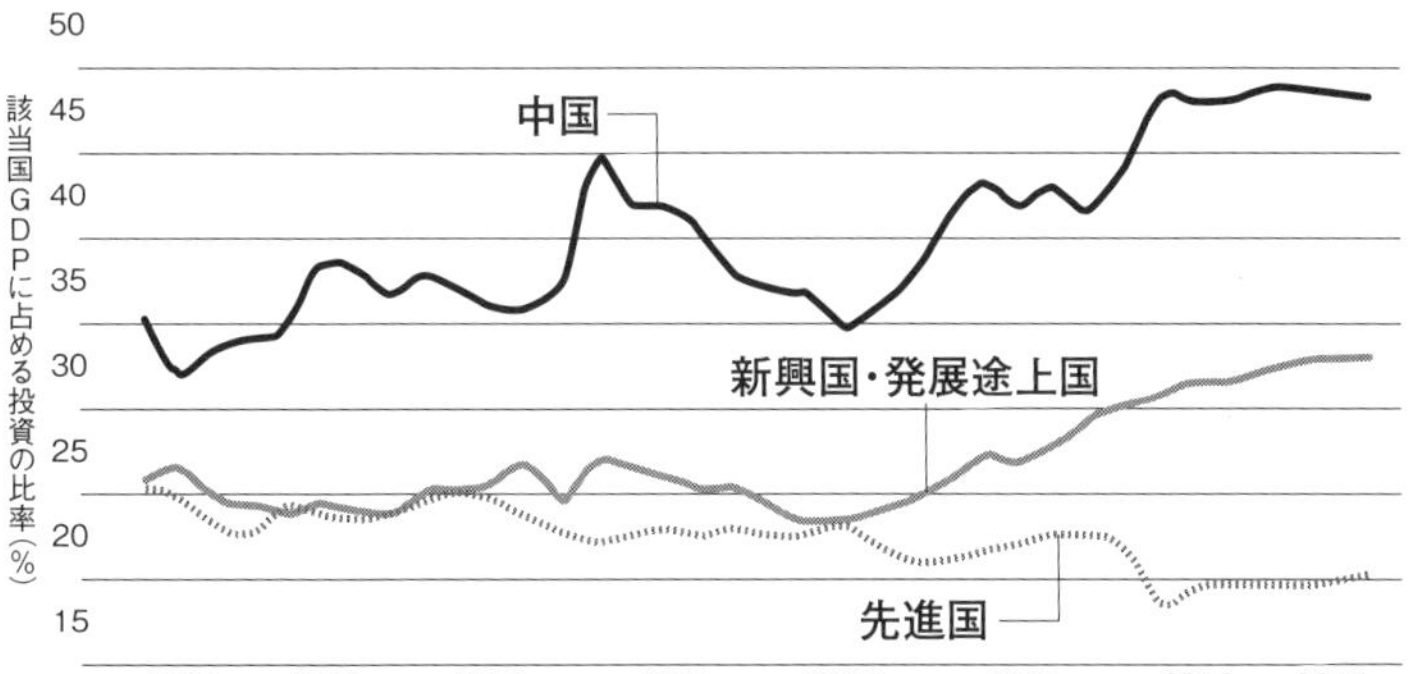

原資料:ブルームバーグ
出所:ウェブサイト『Acting Man』、2015年11月4日のエントリーより引用

世界中で中国だけが、毎年のGDPの約半分を投資に使っている。この異常に高い投資は、銀行などの融資でまかなわれている。投資が期待どおりの収益を生むどころか、維持費さえ下回るほどの生産水準にとどまり、企業も金融機関も巨額損失を計上せざるを得なくなる。

銀行による直接融資に比べれば、はるかに焦げつきの危険は大きい。その中国と、中国をふくむ新興国、そして先進国の投資の対GDP比率を図示したのが、図表P151の下段のグラフだ。中国の投資だけが明らかに突出して大きい。新興国、発展途上国の中に中国も含まれているが、中国をのぞけば、先進国と似たようなものでジリジリ下がっているはずだ。

しかし、中国だけは国内総生産の半分近くを投資に使っている。これは世界中のどんな経済圏でも、かつてなかった異常な高水準だ。どこの国の高度成長の最盛期でも、せいぜいGDPの30%だった。たとえば日本の高度成長期は、20数%でピークアウトしていた。韓国は一時的に35%までいったことがあるかもしれないが、そんなところだ。それが、中国では47~48%に達している。投資ばかりが異常に拡大しているのは明白だ。

中国投資の対消費比率がいかに大きいかを、世界経済全体の中でチェックしてみよう。世界の家計消費支出に占める中国のシェアが8・8%で、まだ国内総生産そのもののシェア、13・4%よりはるかに低い。その代わりに、世界の総固定資本形成、かんたんに言えば設備投資だが、これに占める中国のシェアは24・4%と、国民経済の規模に対して2倍弱になっている。2倍ということは、平均的な国で設備投資が国内経済に占める比率が20%台なのに40数%になっているということだ。

中国がこれから金融危機に陥ると、世界中にどんなに深刻な影響を及ぼすかという話に移ろう。購買力平価で見た新興国の対世界GDPシェアを見ると、すでに今の段階で危機に瀕しているブラジルとかアルゼンチンとかの新興国の合計が、世界のGDP総額の8％強になっている。1997年の東アジア通貨危機の当事国のGDP合計額は、世界のGDP総額の6％にしかなっていなかった。また意外にも、2011年にユーロ圏ソブリン危機が起きた時点では、当事国のGDP合計額の対世界シェアは約5％で、1997年のアジア通貨危機の頃よりも低かった。逆に言えば、ヨーロッパは、もうそれだけ没落してしまった国々なのだ。

だが、現在の中国はすでに購買力平価で世界GDPの16％を占めている。これが危機に陥って、もう危機の渦中にある新興国と合わせると、世界経済の4分の1以上が金融危機の真っ只中ということになってしまう。これはもう、なるかどうかという話ではなく、いつなるかという問題だ。今さら中国が金融危機を回避できるなどという虫のいい話はありえないだろう。

第4章

こんなに
ダメな日本が
世界の先端に立つ
これだけの理由

日本は1人当たり後進国？

ここからは日本の話だが、前半は日本がいかにだらしのない国で、世界中の金融機関から食いものにされているかという暗い話をする。しかし後半は、逆にそういう状態だからこそ、日本の未来は明るいことを論証する。簡単に言えば、金融業が肥大化し、軍事力が肥大化し、人口の多すぎる国は、滅亡せざるをえない。そういう中で金融業がひ弱で、軍事力もひ弱で、人口は狭い国土に密集して住んでいるけれども、何億人というべらぼうな数ではないということが、いかに有利かという話をしていく。

よく、日本の1人当たりGDPは、まだまだ先進国とは呼べないという主張が折に触れて蒸し返される。現在、日本の1人当たりGDPは3万ドル台半ばぐらいの水準に定着している。しかしその中身として、円安が非常に大きなマイナスになっていることはあまり指摘されない。1ドルが80円ぐらいだった頃は、4万ドル台半ばだった。P158〜159の図表上段に出ているのは米ドルベースの日本の名目GDPなのだが、これを日本の総人口、約1億2000万人で割れば、すぐおわかりいただけるだろう。

さまざまな国民経済の比較は、ほとんど米ドルで行う。国民が蓄積してきた富は、どれだけ他国からモノやサービスを買えるかということ以外に適切な判断基準はないし、現在世界でもっとも多く流通している通貨が米ドルである以上、これは当然のことだ。そして、1ドル＝80円時代の為替レートで換算すれば、現在の日本の1人当たりGDPは、アメリカの1人当たりGDPと大して変わらないのだ。したがって、円安政策という愚行をやめれば、すぐ回復する。その程度の水準での横ばい状態というわけだ。

なお、下段は「そろそろ金融緩和も限界が見えてきたから、財政出動をしろ」と主張する人たちが、いかに歴史の教訓を学ぶ能力にかけているかを如実に示している。黒の折れ線は日本の政府債務の対GDP比率だが、これはほぼストレートに公共部門需要の成長率を反映している。このグラフでは右端に近いところで国際金融危機のすぐ後に増やし、ここからはみ出すが民主党内閣末期から安倍初期にかけて増やしということをしていた。これがまったく無意味どころか有害だったということがもろに出ている。

それは何かというと、このグラフの灰色の折れ線と黒の折れ線の相関性に出ている。灰色の折れ線が日本のGDPの対世界総額比率、つまり世界全体のGDPの中で、日本のGDPが何%を占めているかを描いている。黒の折れ線は、日本の政府債務の対GDP比率だ。公共事業は基本的に政府が国債を発行してやるので、1992年あたりから延々と国債を増発して公共

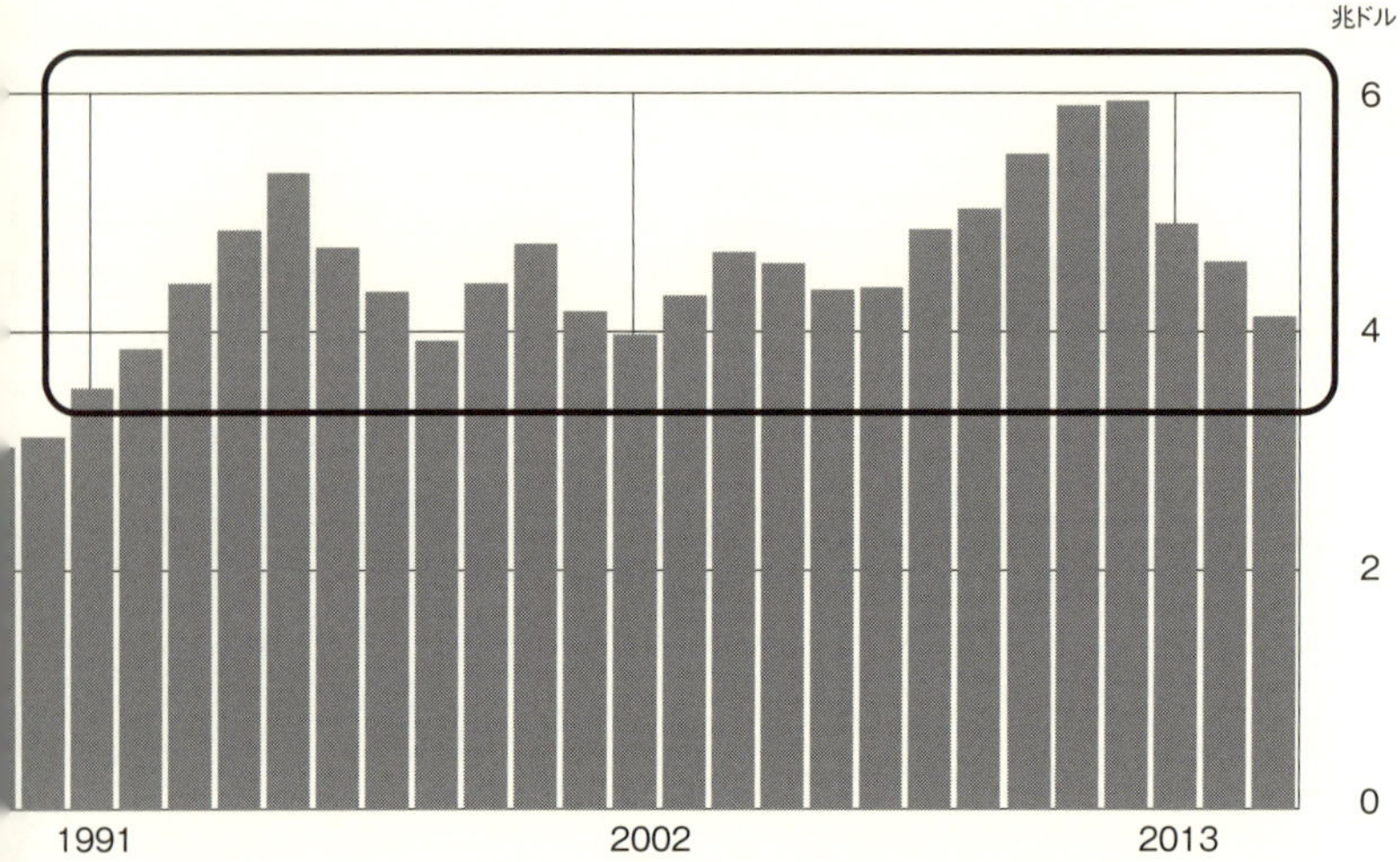

米ドルに換算した日本のGDPは、直近で1990年代初頭のレベルまで減少してしまった。つまり、日本国民が世界中から買えるモノやサービスはそれだけ少なくなったのだ。また、政府債務を増やし公共事業をテコ入れするほど、日本経済の世界に占める地位は下がっている。

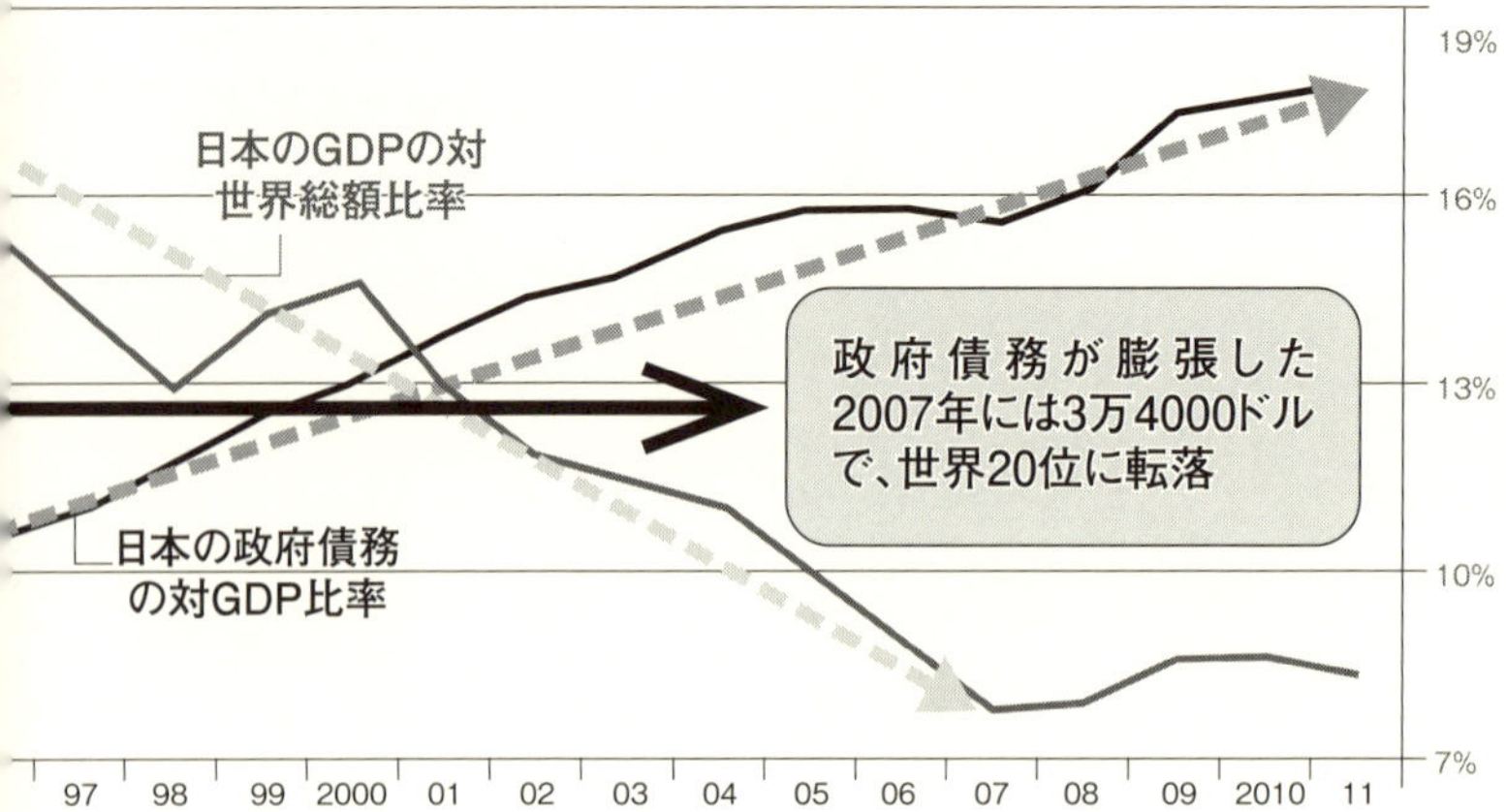

政府債務ばかりが膨らむジリ貧日本の実績

米ドルベースの日本の名目GDP(1960〜2015年)

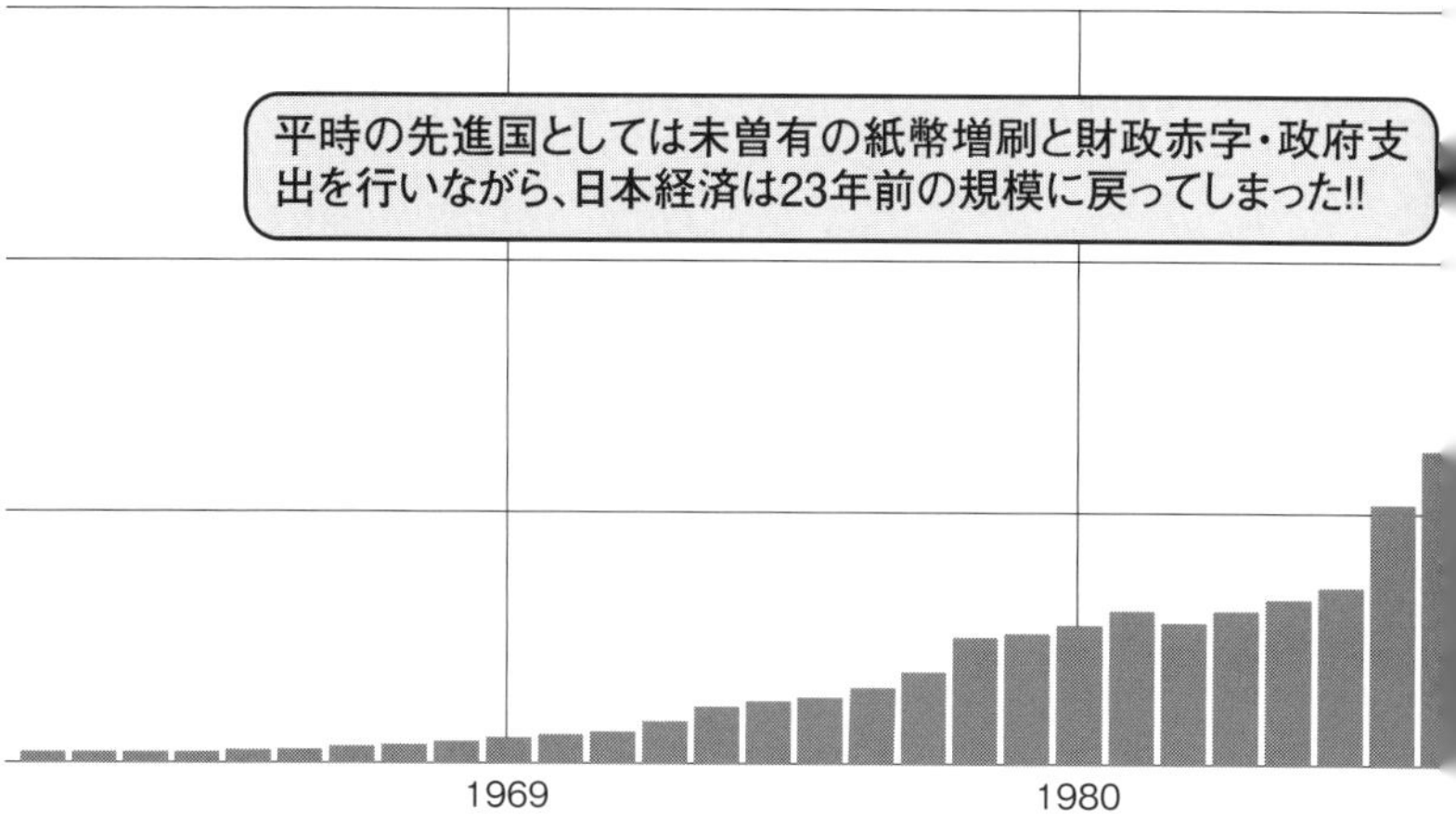

原資料:Trading Economics、世界銀行グループ

日本政府債務の対GDPシェアとGDPの対世界シェア(1980年〜2011年)

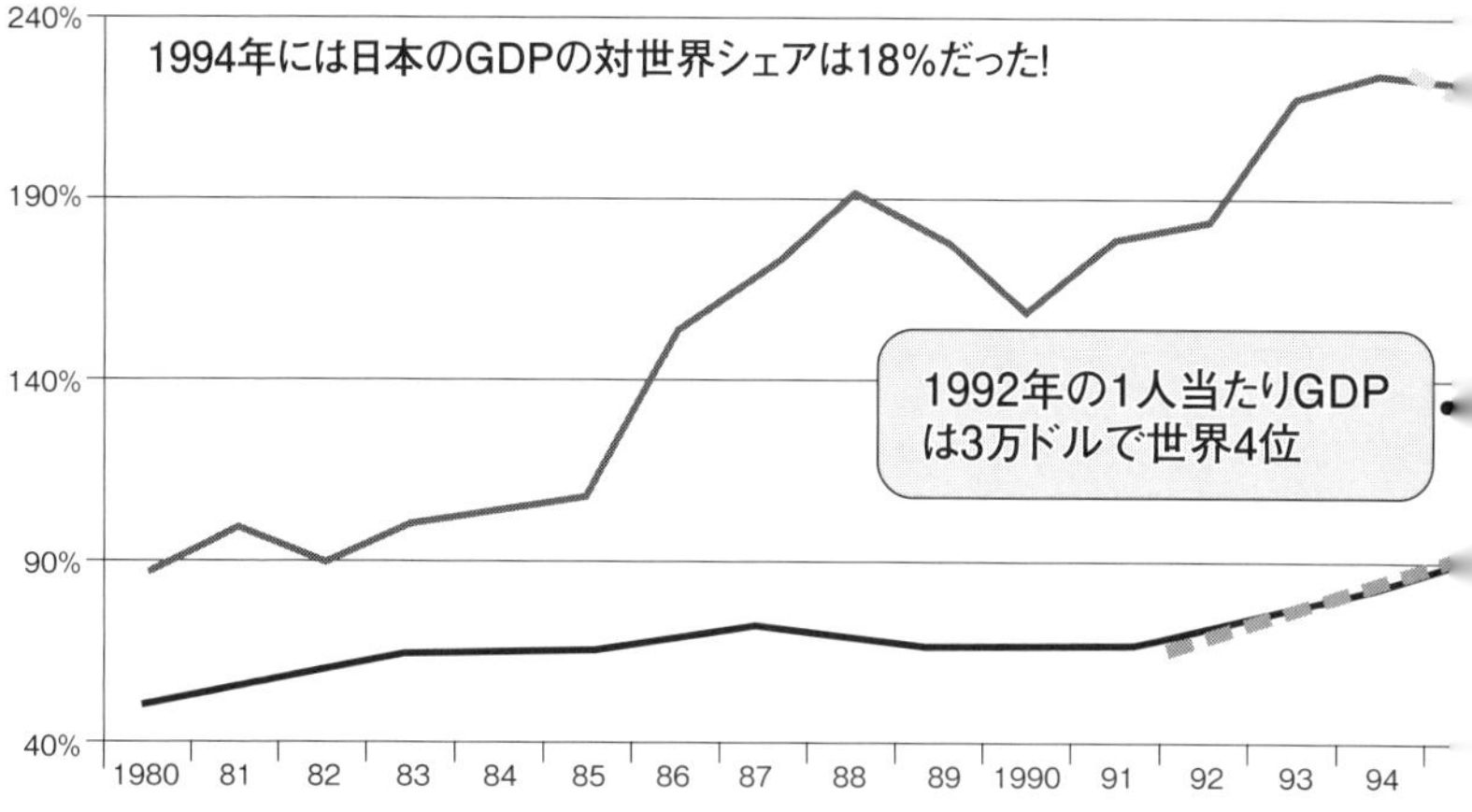

出所:(上)ウェブサイト『Contra Corner』、2016年7月20日、(下)『Aux Infos Du Nain』、2013年5月26日のエントリーより引用

事業も増やしてきたわけだ。

だが、国債を増発して公共事業を増やせば増やすほど、日本のGDPの対世界GDP比率は下がっているのだ。つまり公共事業をやれば景気が良くなるとか、GDPが増えるというのはまったくのウソで、やればやるほど悪くなっているのに、まだそういうバカなことを平然と主張している人がいるということなのだ。

日本の政府債務がまだGDPの70％台だった1992年に、日本の1人当たりGDPは3万ドルで、世界第4位という高位につけていた。その後、バブル崩壊対策としての財政支出拡大でGDPの90％に近づいた1994年でも、日本のGDPは世界の18％という堂々たるシェアを占めていた。それから先は、まさに転落の歴史だ。延々と財政出動を続け、政府債務はGDPの200％を突破してしまったが、日本のGDPの対世界シェアはピークの半分にも達しない7～8％にとどまっている。

今「日本は働き方が良くない」だとか、「効率が悪い」だと主張している人たちは、高度成長時代から1980年代までは外国からも褒められ、自分たちも得意になって自慢していたことを、なんの根拠もなく突然「だから日本はダメなんだ」と言い出しているだけなのだ。

中でも一番バカげた議論が、「正社員の待遇が良すぎて、安定させ過ぎているから働かない」という主張だ。それではいったい、高度成長期の日本は何だったのかということになる。今よりはるかに正社員の待遇は良かったし、身分は安定していたのに、あんなに一生懸命がんばって働いていたのだ。日本人の国民性から言って、生活基盤が安定したときのほうが力を発揮する。危機に陥るとむしろ悪くなるのは、もう歴然としているのにそういう愚劣な主張をいまだにしている人が多い。

日経平均の「半値戻し」が、世界株式市場大暴落の号砲

まず日本の株式市場が、いかに世界中の機関投資家の食いものにされているかという話から始めよう。読者の皆さんもご存じのとおり、1989年の大納会（その年最後の営業日）で3万8000いくら、もうほんのちょっとで3万9000円台というところで大天井を打った。その後、日経平均は延々と下げてきたわけだ。その過程で非常におもしろい現象がある。

この大天井に到達する前の大底が1973年、第1次オイルショックからニクソンショックへの激動期だった。このときの大底に0・0%という水平線を引いて、1989年大納会の大天井を100%としたチャートから、意外な事実がわかってくる。P162のグラフだ。

1973年の大底から1989年の大天井までの値幅のちょうど半分がほぼ正確に2万1000円になるのだが、この価格水準に50%と書きこんだ水平線が走っている。このチャー

日経平均が世界株価暴落を先導している!?

日経平均株価(週足:1960〜2016年)

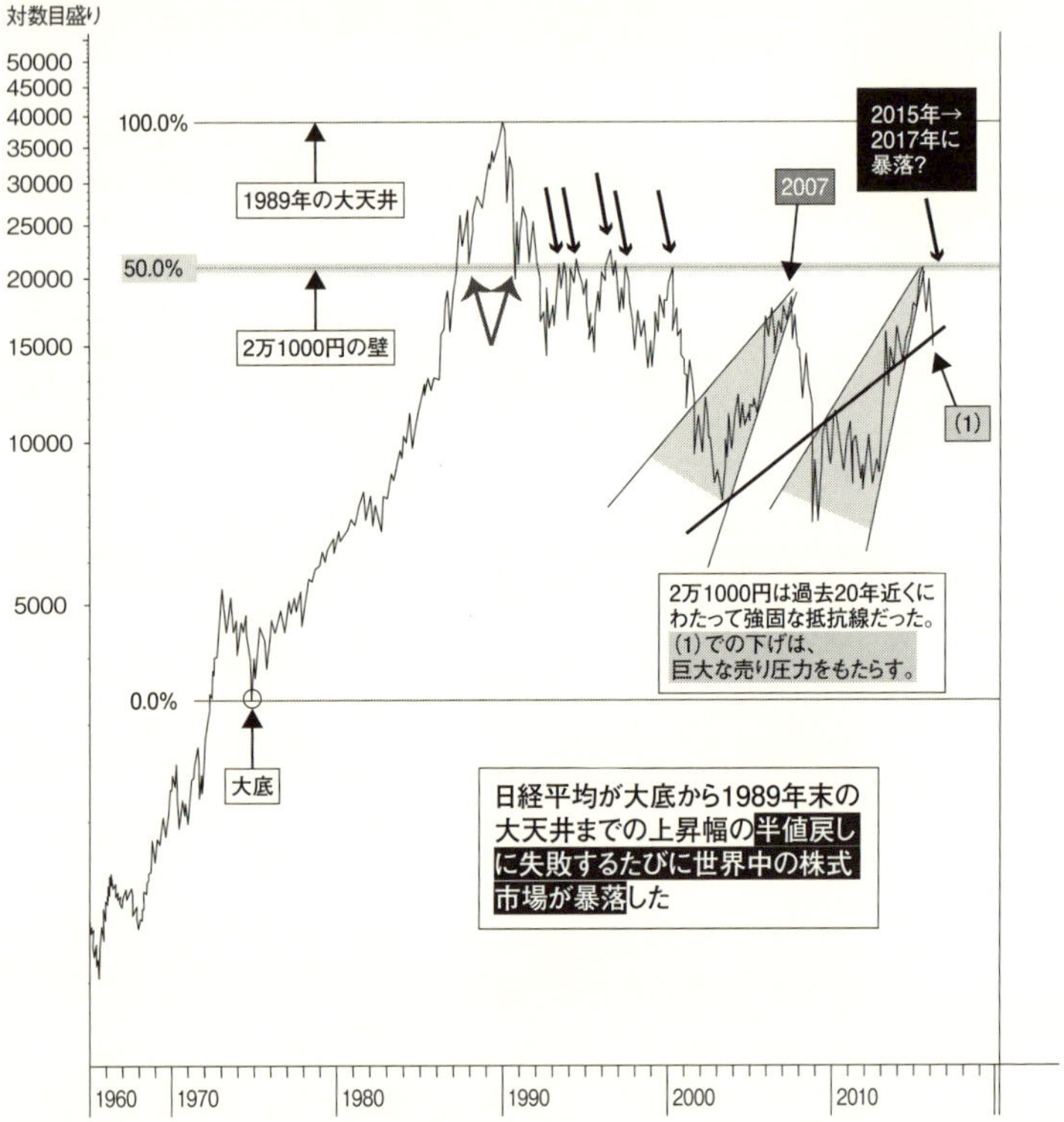

出所:ウェブサイト『Kimble Charting Solutions』2016年2月19日のエントリーより引用

日経平均は、バブル崩壊後、何度も大底から史上最高値までの上げ幅の半額まで上昇すると急落し、その後、世界の株式市場も暴落していた。日本株を高値で売り抜けて楽に儲けた外国人投資家が、ほかの株式市場では思惑どおりにいかずに損切りして下げていたのだろう。

トは対数軸なので非常に上のほうに見えるが、株式相場用語で言う「半値戻し」の水準を示している。パターン認識で株価を判断するチャーチストたちは、いったん天井を打ってから大暴落した株価がこの50％の線を奪回することを半値戻しと呼んで、非常に大きな関心を寄せている。

日経平均が2万1000円直前とか、2万1000円をほんのわずかに超えるところまで戻したことは、直近の2015年初夏をふくめて過去に7回あった。しかし、そこまで行き着くたびに、また暴落に転じていたのだ。しかもその暴落のタイミングが、世界的な株式市場の暴落を先導するかたちで起きているのだ。半値戻し後の急落の1～3回目の後には、中南米債務危機が起きた。4～5回目の後には、東アジア通貨危機とロシア国債危機が起きた。6回目の後はサブプライムローン・バブル崩壊で、7回目の後は2015年末から2016年2月にかけての世界株式市場の急落だった。

これはなぜなのかということを、延々と考え続けてきた。最後に到達した結論は、日本株で楽にボロ儲けをしてきた外国人投資家にとって、日経平均が2万1000円に接近するのは、「売り抜けろ」という合図なのではないかということだ。だいたい世界中の機関投資家が、「日本株はもう永遠に、バブル期の最高値はおろか、2万円台でも高すぎる」と評価している。だが、そういう「限界」をわきまえた上でなら、日本株ほどかんたんに値幅の取れる金融資産もめったにない。

まず、静かに小口で日本株を買い溜めておいてから、そろそろ買い止めようかというときに、出入りの証券会社が噂のタネにしたくなるような派手な買い方をする。そうすると、つねに「ガイジンがどうしてる」とか「こうしてる」とかばかり気にする日本の機関投資家は、必ずあとから高値づかみをして、自分たちが買った株の価格を押し上げてくれる。日本の個人投資家は、ガイジン買いには売り向かうが、機関投資家は金魚の糞のようにあとから買いに入る。

その点、個人投資家は「基本的に日本の株価は高すぎる」という信念をずっと持っているので、買いの本尊がガイジンであろうと、日本の機関投資家であろうと、吹き値をするたびに必ず売る。外国人投資家に対して売り向かうので、表面的には「まだまだ上がる株を、早まって売ってもったいないことをした」というふうに見えるが、実現益を出して、きちんと手じまいができていて、しかも手元に残している分には評価益も積み上がる。というのも、日本の個人投資家は1949年に69%、1950年でも61%と大量の日本株を持っていた。その後、世代交代はあっても戦後すぐに買ったものすごく簿価の安い株を延々と持ち続けてきて、吹き値するたびに売っているからだ。P150のグラフには、もう1つ重要なことがある。それは、1989年末から94年までで、日経平均は6割下がったが、株も不動産もやっていなかった日本国民にはなんの被害もなかったという事実だ。むしろ、日本経済の世界に占めるシェアは上がり続けていた。下落に転じたのは財政出動が本格化してからのことだった。

日本の機関投資家は世界の投資家にとって最上のカモ

一方、世の中で一番だらしない投資家が日本の機関投資家で、私もアナリストをしていた頃、よく聞かれたのが「業界動向とか企業の財務分析とかはどうでもいいから、外国人投資家が今何を買っているのか、何を売っているのかを教えてくれ」という質問だった。要するに、外国人投資家が買えば、その買った後、高値つかみをするし、外国人投資家が売ると、もう損切りをしなきゃいけないところまで下がってしまってから売るのだ。

外国人投資家にとっては、日本の機関投資家は世界一カモにしやすい相手だ。だからこそ、時々もうほとぼりが冷めた頃だなと思うと、前と同じように自分はちゃっかり先に買っておいた後に「日本はいい」とか、「日本株はこれから買いだ」とかあおって、日本の機関投資家が食いついてきたところで売り抜ける。P166〜167の図表が、この取引の有利さを教えてくれる。

図表上段は、2007〜16年の日経平均の値動きを示している。下段は、投資主体、つまり外国人、日本の機関投資家、日本の個人投資家別の日本株売買動向だ。外国人投資家が買うと

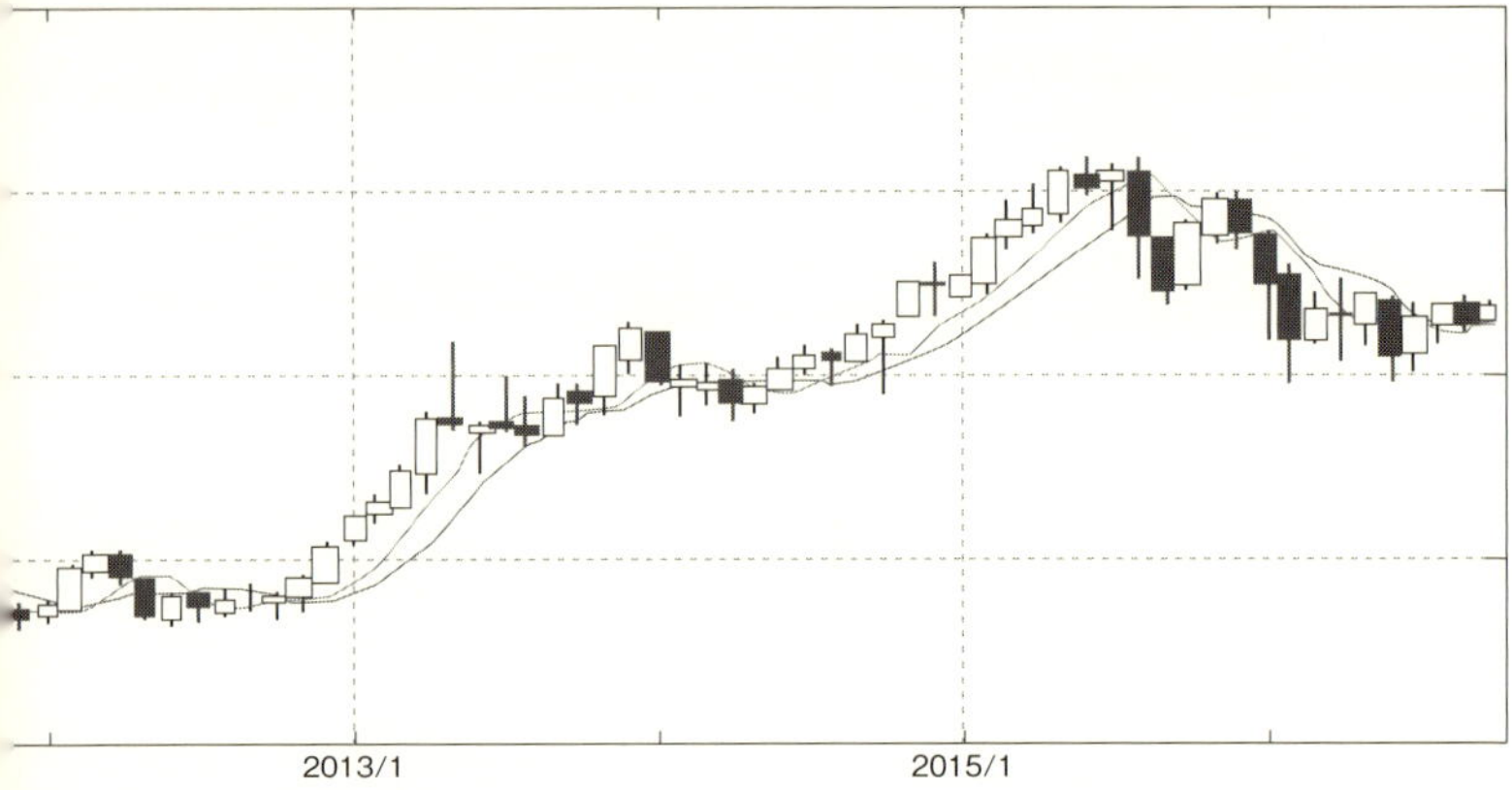

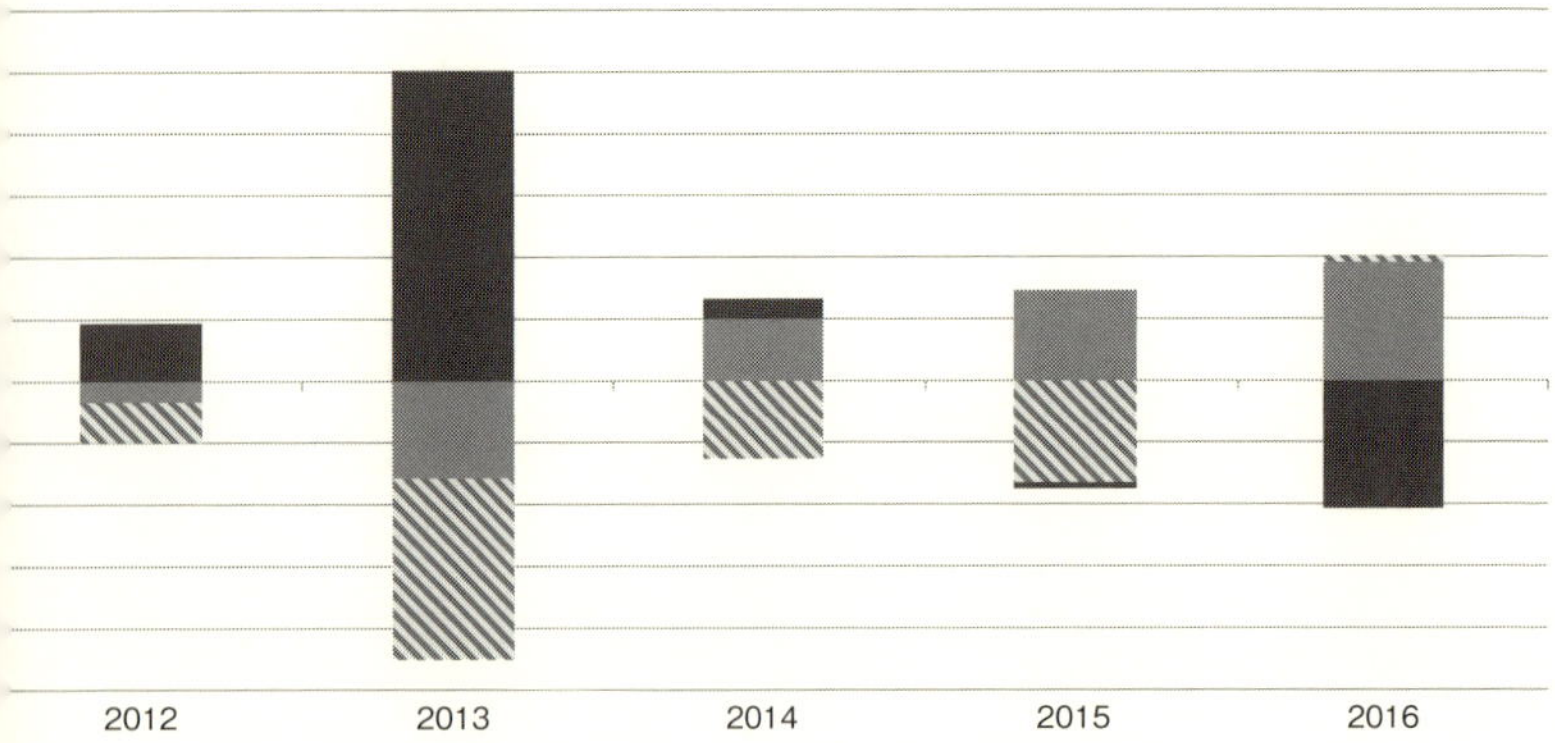

切りをしている。個人投資家ははるかに賢く、外国人買いには売りで対抗している。

外国人が買えば日本株は上がる

日経平均株価(月足:2007～2016年)

投資主体別日本株売買動向(2007～2016年)

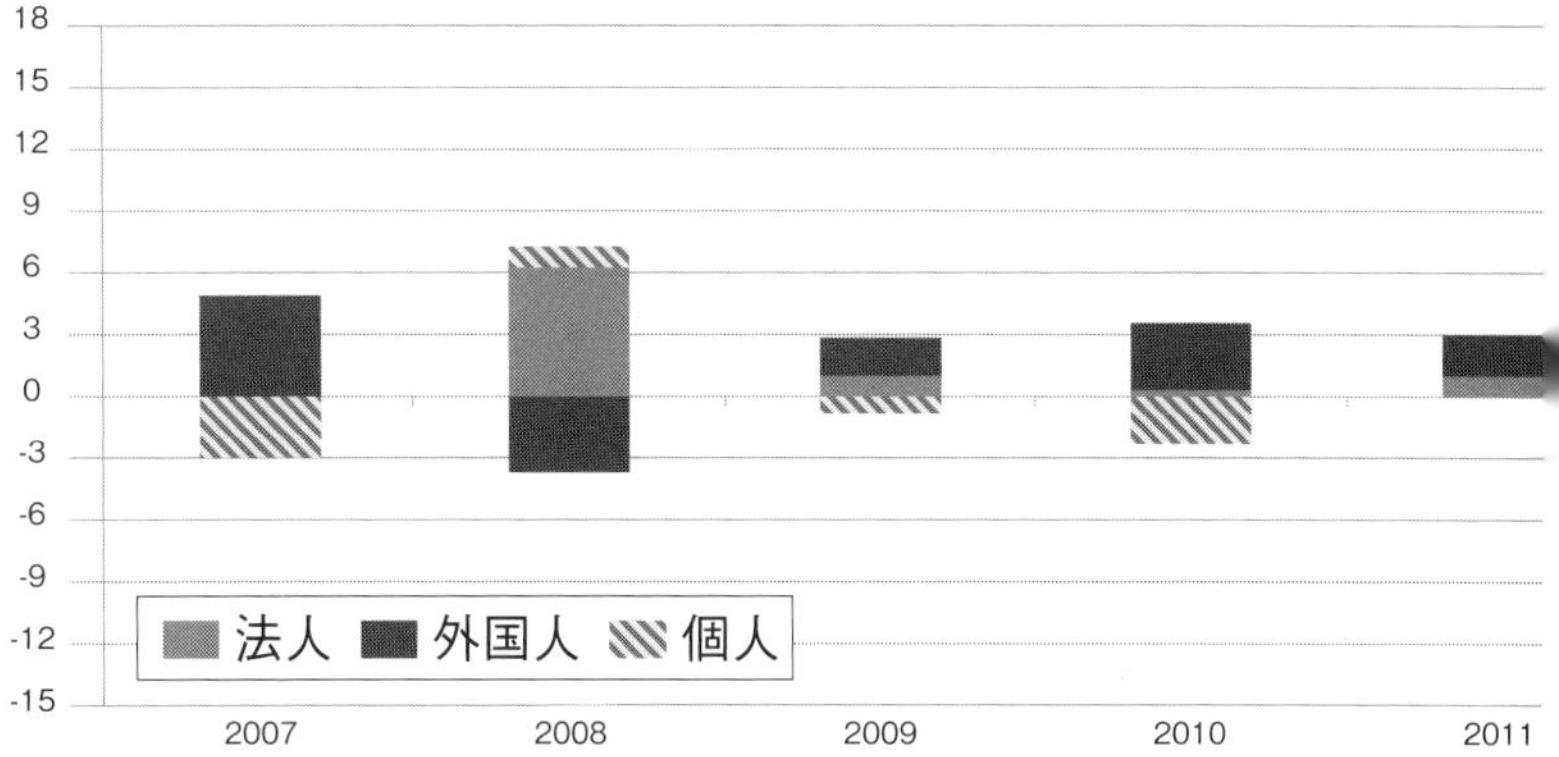

注:2016年は日経平均については10月7日まで、投資部門別売買状況は1～9月の累計
出所:(上)Yahoo! Finance　HP、「日経平均」より引用
　　　(下)日本取引所グループ『投資部門別売買状況』データより作成

日経平均は、外国人が日本株を買い越すと上がり、売り越すと下がるという動きをくり返してきた。とくに、日本の機関投資家は外人買いのあとで高値づかみをし、売り抜けたあとで損

日経平均は上がり、売ると下がるという相関性が見事に出ている。この下段のいちばん濃い灰色の部分が外国人投資家の売り買だ。外国人投資家が買うと上がり、売ると下がっているのが上段の日経平均推移に出ているわけだ。

2013年には、たった1年で外国人投資家が15兆円買い越していた。この事実は、何を意味するのだろうか？　2013年の1月1日には、もう第2次安倍内閣が成立していて発足当初には1万円を割っていた日経平均が、年末には1万4000円ぐらいに上昇した。このときの外国人の平均買いコストが約1万3000円と推定されている。

そこで、2012年通年で見ると80円ちょうどぐらいだったドルの対円レートが、2012年の11～12月に自民党が総選挙で圧勝しそうだということになって、急騰して86・7円になった（円は下がった）。その後、1ドル＝120円ぐらいに上がっていたものが2016年7月26日の時点では104円まで下がってから、最近また円安が進んで117円ぐらいまでドル高・円安になっている。要するに円は延々と下がってきたものが、2015年の年末から2016年の年初ぐらいにかけて、アベノミクスの時代になってから初めての本格上昇に転じ、一時2万1000円目前に迫っていた日経平均も反落したのだ。

これがなぜかというと、決して「円高に転じたので、どうも輸出産業がうまくいかないから、これは日本経済が悪くなりそうだ」という持って回った理由で株価が下がっているわけではない。円が上がったから株価も下がったという話ではなく、外国人投資家が日本株を売り始めて借りていた円を返したので、円が上がったのだ。

なぜ2015年にピークを打って、その後、かなり急激に下げ始めたかというと、おそらく元々「2万1000円になったら売れ」という上値指示を出したうえで買い始めたので、外国人は2015年の夏ごろ、一斉に売りに転じたのだろう。2016年もこのグラフをつくった時点での1月から9月までの累計では、ものすごい量を売っていた。

おそらく、外国人投資家のあいだには「日経平均が史上最高値の3万9000円目前という水準を二度と達成することはない」というコンセンサスがある。それどころか、上値メドとしては、日経平均がバブルの最高値を付ける直前の大底から最高値までの上昇幅の2分の1が精いっぱいだと思っている。この業界用語で言う「半値戻し」の水準がほぼ正確に2万1000円円なのだ。だから「2万1000円まではは買い上がっても大丈夫だが、そこまで行くと怖いから売り抜ける」という方針を取っている。2015年の初夏にちょうど2万800円になったとき、ドッと外国人売りが入って急落したのもこの観測を裏付けている。

このときにしても、少なくとも1万6000円から1万8000円では売れたので、2013年の大量買いでのコストがだいたい1万3000円だから、3~4割ぐらいの値上がり率を取っていた。また、これはアベノミクス「円安政策の成果」と大いにかかわるのだが、円キャリーで買っていたので、円安の為替差損はまったくないというおいしい商売をしていたはずだ。

円安は世界の投資家が円キャリーで日本株を買った「おかげ」だった

円キャリーとは何かを説明しておこう。純然たる金融手法なのだが、キャリーとは通貨の違う国の株を買う際に、「この国の株価は上がるけれども、通貨は下がりそうだ」と思ったら、正直に株を買おうとしている国の通貨に自国通貨を替えないで、自国通貨を持ったままで相手国の通貨、たとえば円を借りてしまうことを指す。借りた円で日本株を買うわけだ。

なぜこういう手法を取るかというと、外国人投資家は「アベノミクスをあおれば、日本株を上げて儲けることができる」という確信は持っていた。だが、それについての懸念要因が、安倍内閣としては、円安インフレにして経済を活性化させると言い張っていることだった。また、政策で円安にできるか以前の問題として、アベノミクスのような愚劣な経済政策を推進すれば、当然日本の国力が低下して、円安に傾斜することも心配だ。

円安になった場合、外国人投資家がすなおに米ドルなりポンドなりユーロなりを日本円に交換して日本株を買うと、株価は確かに上がったけれども、円が海外通貨に対して下がったために、為替差損とネットすると、ほとんど儲かっていないとか、逆にマイナスになってしまうということもありうる。だから、自国通貨を出さずに、借りた円で日本株を買っていたのだ。

そうすると何が起きるか？　株価は上がったけれども、円が下がってしまったという場合に、借りておいた円は借りたときの額面で返せばいいわけだ。自国通貨に換算すると、円安になった分だけ、安く借金を返すことができる。ということは円安の被害はゼロにして、しかも日本株は買ってからの値上がり益が丸々取れるというわけだ。そういう手法を「円キャリーの日本株買い」という。

それで何が起きたかというと、「買って、あおって、売り抜けて」という一連の作業の出発点として、日本株の購入資金をほぼ総額借金に頼ったので、その分だけ突然円の総供給が増加して、円が安くなったのだ。円が安くなったのは、別に政府や日銀が「円安にするぞ」と号令かけたから下がったわけではない。借りた円を使って日本株を買うということが、借りた分だけ一時的に円の供給量が人為的に拡大したことになったので円安に転じたのだ。

世の中のものはなんでもそうだが、供給量が拡大すれば、価格が安くなる。逆に言うと、外国人機関投資家が２０１５年の年末から２０１６年の年初にかけて日本株売りに転じたときには、円高が起きた。日本株を売ると同時に、いったん市場で円を買って借りていた円を貸し手に返さなければいけない。そこで何が起きるかというと、今まで借りた分だけ供給量が水増しされていたものが、買って返すのでその分だけ減る。それで円高が起きたのだ。

それでは、政府や日銀に任せておいたらなんの進捗もなかったはずの円安政策を側面援護で達成してくれた外国人投資家に感謝すべきだということになるのだろうか。まったくそんなことはない。日本の場合、世界中で一番エネルギー資源、金属資源、農産物を海外から輸入している比率が高い国だ。日本の輸入価格指数を見ると、2014年春までの原油価格がバレル当たり100ドル以上していたころから、この年の初夏以降30ドル台、20ドル台まで下がった頃に暴落していた。それが何を意味するかというと、日本としては金属資源、エネルギー資源、農産物を今までより安く買えるようになったから、本来、非常に豊かになっていなければいけないのに、ちっともこの原材料価格大暴落の恩恵を受けていない。

指数ベースでは原油がバレル当たり100ドルを越えていた頃には、130を越えていたのが、2016年秋には90をほんのちょっと上回る程度まで下がってきている。つまり4割ぐらいは下がっているわけだ。本来日本は、資源輸入量がものすごく多い国だから、それだけ国民生活は豊かになっていなければいけないし、物価全体としても、輸入しているエネルギー資源、金属資源、農産物がこんなに安くなっていれば、下がっていなければいけない。それなのに、日本の消費者物価指数は横ばい程度でほとんど下がっていない。

そもそも「インフレにすれば景気が良くなる」という先入観を持っている人たちは、まったく考え方が転倒している。「こんなにエネルギー資源、金属資源が安くなっちゃったのに、それでもなんとか消費者物価を横ばいぐらいにもたせているから、インフレを促進するという意味では、政策はうまくいっている。たまたま時期が悪くて、原油価格が暴落してしまった。うまくインフレにならないのは原油価格の暴落が悪いんだ」というバカなことを言っている。

日本国民にとって、海外からものが安く買えるということが悪いことであるわけがないのだ。にもかかわらず、インフレにしなければ景気は良くならないという先入観を持っている政府とか官僚とか、経済学者とかが、「原油価格さえ下がらなければ、目標通りに年率2％台のインフレは達成できたのに」とか、白昼夢のようなことを言っているわけだ。

2016年秋に、外国人投資家のスタンスが再転換した

2016年最初の9ヵ月間は、外国人が大量に売っているのに、日銀や年金資金が必死に日経平均を買い支えたので、1万6000円前後で横ばいになっていた（図表P166～167下段）。外国人は2兆円か3兆円ぐらい日本株を売り越していたのに、日経平均は日銀が日経平均をETFのかたちで買い続け、その上で今までずっと債券ばっかり買っていた年金資金に、突然わけもわからずに「日本株を買え」と言いだした。これがまた典型的な多数派見解どおり

の買いで、日経平均の中で「いい」と言われている銘柄を買うような、たとえ勝っても収益率は低く、負ければ大損になる一番バカげた投資をしていた。

だが、とにかく必死になって買い支えていたので、なかなか1万4000円台までは下がらなかった。だいたい1万5000円台の前半ぐらいに来ると、日銀や年金資金の買いが入って、1万5000〜6000円台をずっと維持していた。それを見た外国人投資家が「これはもう1つカモにできるチャンスだ。ほんのちょっと買い足せば、自分は1万3000円で買っていた株も、買い足した株と一緒に1万8000円以上で売れそうだ。こいつは1万6000円台で手放すよりもずっと効率がいい」ということで方針を変えたようだ。

2016年の10月ごろから、外国人投資家がまた買い越しに転じた。その結果、実際に日経平均は1万6000円ギリギリぐらいだったものが、年末までなんとか1万9000円台を維持している。日本の株式市場はそれぐらい見事におもちゃにされて、外国人機関投資家が余裕を持ってぼろ儲けができるよっていう市場なわけだ。

今後どうなるかと言うと、2万1000円に近づいたところで、もう1度下げるというのが1つのシナリオだ。もう1つのシナリオは、アメリカ株がいつまで景気が悪くなればなるほど好調というパターンを維持するか次第ということだ。

昨今のアメリカ株は「景気が良くなると売られて、景気が悪くなると買われる」という構図の中で動いている。トランプが大統領に就任することが決まったので景気がそうとう悪くなると見越しているから、今のところアメリカ株は絶好調だ。もし米株が本格的に下げ始めると、日経平均が2万1000円に届こうが届くまいが、アメリカで出した損を日本で消すために合わせ切りをして売られる可能性が高い。そのタイミングがいつになるかも考える必要がある。

つまり、次に日経平均が下げ始めるのは、必ずしも2万1000円になったときではなく、アメリカ株が本格的に暴落し始めたら、その損を埋めるために、日本株も売られるということだ。

ゴールドマン・サックスの薫陶よろしきを得た外国人投資家の、日本株というカモの料理法

もう1つ、日本株がいかに外国人のおもちゃにされているのかを示しているのが、日経平均とゴールドマン・サックスの株価が、ピッタリ連動しているという事実だ。P176の図表で、まさに一目瞭然だろう。

ゴールドマン・サックスというアメリカ有数の投資銀行（銀行と証券会社を兼営する業態）は、世界中で顧客をカモにして堂々と荒稼ぎをしているので、最近ではさすがに金融業界の中でさ

日経平均が上がるとゴールドマン・サックスの株価が上がる!?

日経平均株価(2015〜2016年)

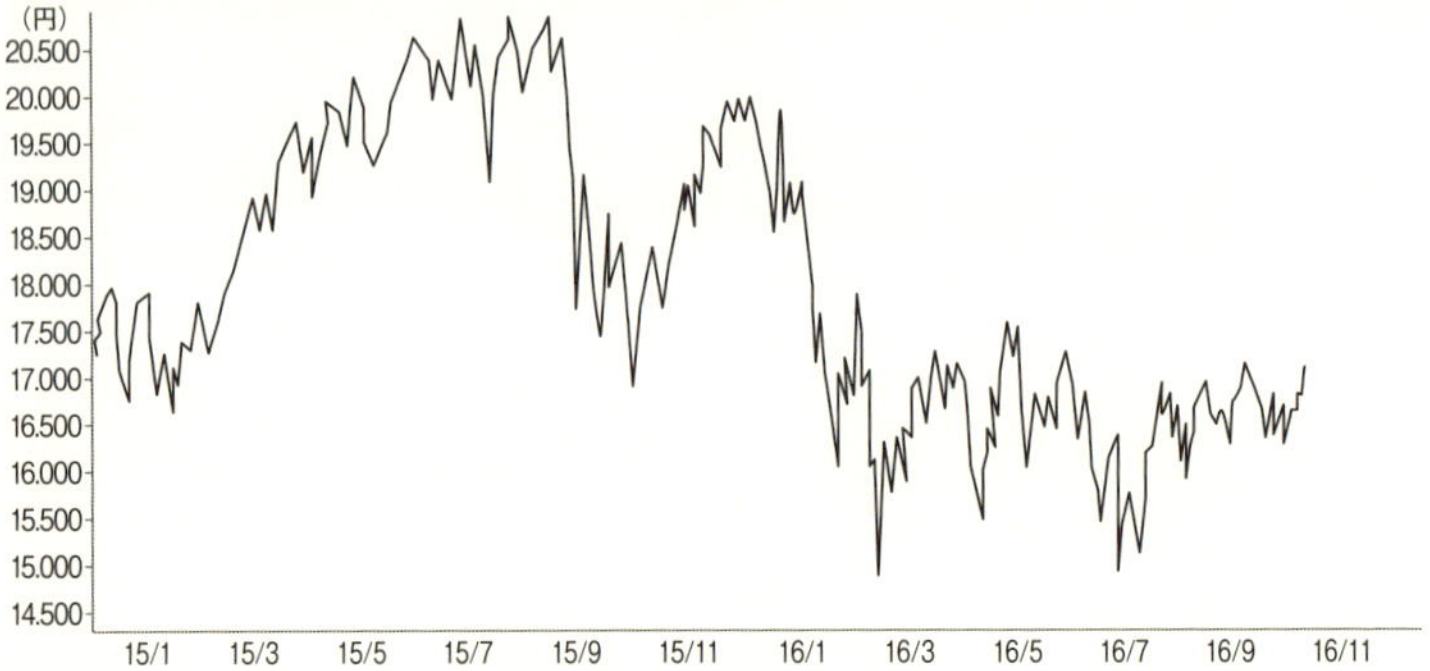

ゴールドマン・サックス株価(NY市場:2015〜2016年)

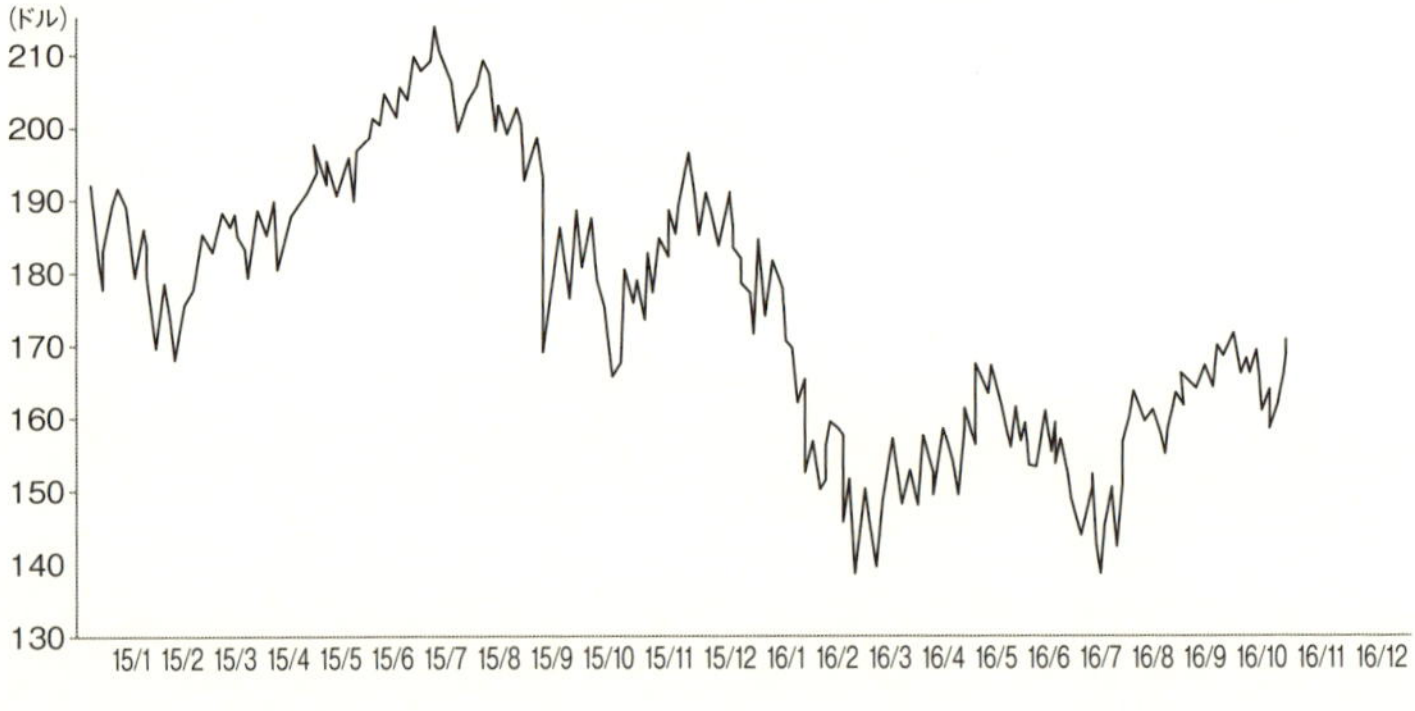

出所:ウェブサイト『Seeking Alpha』、2016年10月13日のエントリーより

日本株が外国人投資家にとっておいしい儲け口なのは、日経平均とゴールドマン・サックス株の値動きの連動ぶりでわかる。日本株が上がって一番儲かるのは、日本国民ではなく、外資系金融機関と外国人投資家なのだ。日本の個人家計は、株が下がっても痛くもかゆくもない。

え評判が悪い。だから、この会社がＢＲＩＣＳを推奨して「これから中国が良くなるよ」と言ったら、むしろ金融市場は「逆でしょ」と思う程度には学習効果がでてきてしまっている。

金融業界には、ゴールドマン・サックスが鉦と太鼓で推奨を始めたら「自社で買い越していた分は全部吐き出しているのだろう。客にはボロボロの損をさせながら、自社はぼろ儲けしている会社だから」という定評ができつつあるのだ。そのゴールドマン・サックスの株価が日経平均と連動しているというのは、いかに日経平均については外国人買いで上がり、外国人売りで下がってきたか、そしてこの件に関するかぎり客もゴールドマンも揃ってハッピーだったかということを如実に表している。

こうした名コーチの指導よろしきを得て、今や外国人投資家の日本株市場における存在感たるや、圧倒的なものがある。Ｐ１７８の図表が示すとおりだ。

たとえば、上段の日本の株式市場全体の投資主体別の保有率を見ると、アメリカでハイテク・バブルが崩壊した２００２〜03年以降は、外国人投資家が31・7％で一番高い。そのほかでは、事業法人がかろうじて20％台を上回っている。事業法人とは、金融業界以外に属する一般的な企業のことだ。こうした企業が本業はほかのことをやっていて、たまたま資産ポートフォリオの中に持っている株が、全体として２割以上になっている。日本は自社株を長期保有するのは、税制上もいろいろ損が多いので自社株はほとんどない。

日本の株価は外国人がカギを握っている

投資部門別株式保有比率の推移

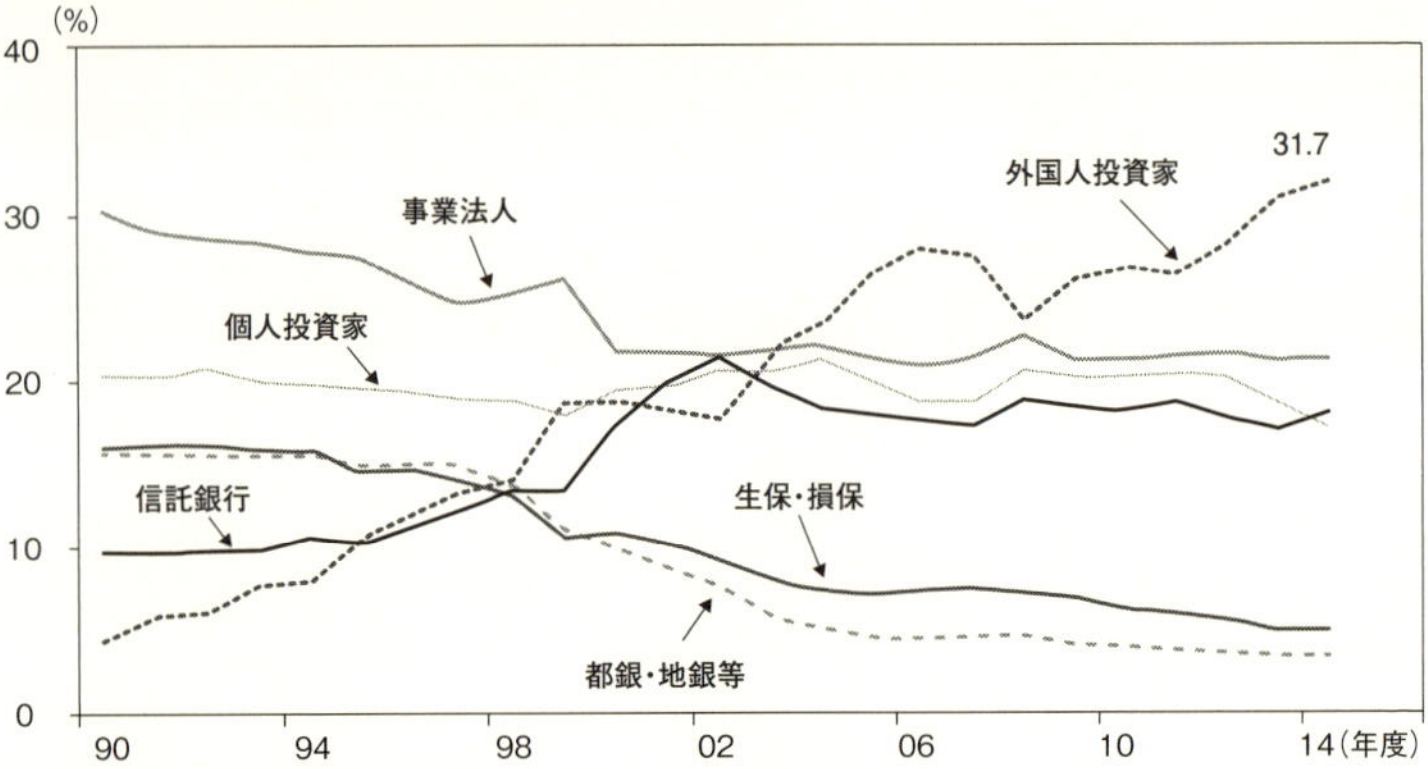

投資部門別売買代金シェアの推移

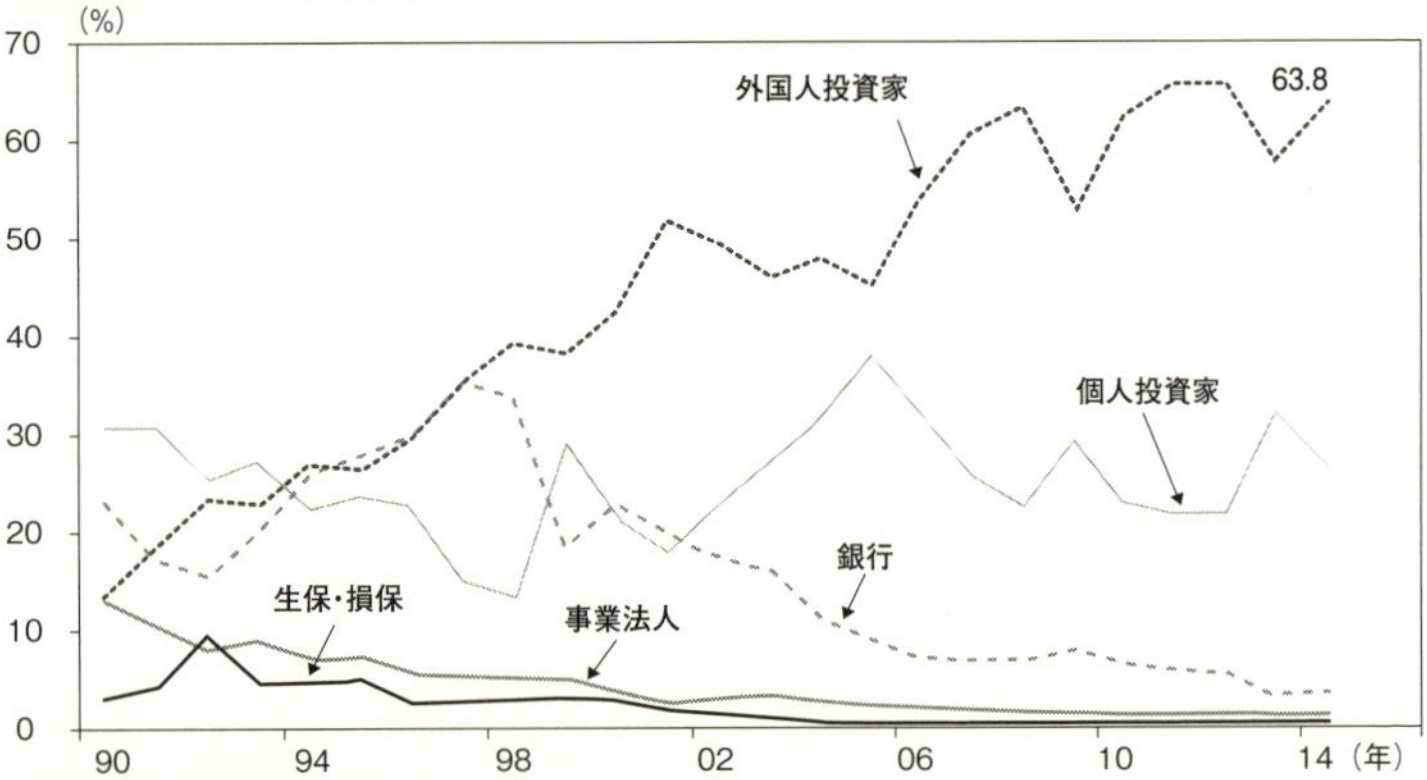

注:銀行は、都銀・地銀等と信託銀行の合計
原資料:日経NEEDS
出所:上下とも日本生命ホームページ『3分でわかる新社会人のための経済学コラム　第69回』2015年11月1日のエントリーより

今や、最大の日本株保有者は、32%で外国人投資家となっている。都銀・地銀は約5%、生損保も7%程度しか持っていない。売買高のシェアで言うと、外国人がじつに64%と圧倒的で、個人が30%弱で続き、銀行、生損保、事業法人は1ケタ前半という惨めなシェアだ。

おそらく、持ち合いをしているものがこの20％のうちの半分以上になるだろう。さすがに最近では大部分ということはないだろうが。大ざっぱな推測では、純然たる投資として持っているのは、せいぜい7～8％ぐらいだろう。

個人投資家も、ずっと日経平均が吹き値をするたびに売り越してきたので、ジリジリ下がってきて、2014年度末では20％を若干割り込んでいる。終戦直後の混乱期には、世界中で日本株を買うのは、グループ内企業を外部勢力に取られたくない財閥か、日本の個人だけだった。その頃はほとんどだれも買わない日本株の70％ぐらいを個人投資家が持っていた。それを景気が良くなっていき「高度成長で、これから株の時代だ」などと金融機関がはやすたびに売っているのだから、本当に日本の個人投資家は賢い。

信託銀行が最近になって回復して、個人投資家よりわずかに高くなった。これは日銀や年金資金は自分の口座で持つことができないので、信託銀行に預けているというだけのことだ。生損保とか都銀、地銀は、典型的な日本の機関投資家で、外国人が買い切ってから高値づかみをして、外国人が売り切ってから損切りしているので、どんどんシェアが下がっているわけだ。1990年にはまだ16～17％あったものが、最近生損保も都銀・地銀も5～6％になっているのだ。よくこれで商売として「金融機関でございい」と名乗れるものだと感心する。

上段は保有シェア、つまりストックだ。外国人投資家がいかに日本株市場を支配しているかという点でもっとショッキングなのが、下段のフローでどのくらい売買のシェアを持っているかということだ。外国人投資家はじつに63・8％に達してしまった。その外国人投資家の買いに敢然と立ち向かっている個人投資家がかろうじて30％近くだ。あと銀行とか、事業法人とか、生損保とかは、ガイジンが買ってから高値づかみし、ガイジンが売ってから損切りするというサイクルのくり返しで、鼻血も出ないほど損をし続けたので、最近では細々と売り買いしているだけだ。

「金融のプロ」の中ではかろうじて銀行が5％弱のシェアを維持しているが、生損保や事業法人は1％以下にとどまっている。それでも懲りずに、まだ「ガイジンが買った」といっては買い、「ガイジンが売った」といっては売りで、さらに損を拡大する構造になっている。大手から中小、零細に至るまで、これだけプロ意識の欠如した連中が堂々と金融機関として営業していられるのも、おとなしく訴訟もめったに起こさない日本人客ばかりを相手にしているからだろう。

日本株を買い支える日銀と公的年金資金の無責任さ

というわけで、日本株もまた経済環境とは裏腹な形で上がっている。ただアメリカのように株式市場の参加者の大部分が、はっきり「景気が悪くて解散価値を前払いしてくれたほうが得だ」というところまで論理的に詰めたところで勝負しているわけではなくて、機関投資家はあい変らず「ガイジンが買ったら買えばいいし、ガイジンが売ったら売ればいい」と思っている。個人投資家は一本筋が通っていて、「ガイジンが買えば売り、売れば買い」というスタンスを貫いている。どちらのパフォーマンスがいいかと言えば、文句なく個人に軍配が上がる。

ただその中で日銀と年金資金だけは、必死になってこれ以上、今まで開けた穴を拡大しないために買い支えてきた。しかも、帰りの燃料は持たずに出撃させられた第二次世界大戦末期の特攻隊同様、日銀も年金事業団も売りはせずに、買いっぱなしだ。だから、一時2万円台をつけたあたりとか、それから1万9000円、1万8000円ぐらいまで下がってきた頃に「なんとかこの大台は死守する」という非合理性の極致のような買い方をした株がまだ大量に残っている。まだどころではなく、全部残っている。これはもう大穴が開いている。

おまけに、日本の公的年金資金はちょうどこういうバカげたことが起きている最中に、それまでの国債がほとんどの運用から、「国債だけじゃなくて、外国債も買え、外国株も買え、日本株も買え」と強引に言われて、高値づかみをしてしまった株や外国債が累積している。2015年以降、大赤字を垂れ流し続けている。2016年の第1四半期だけではなく、第2四半期も相当な赤字になっている。

しかも、安倍晋三は「公的年金の運用を株に広げる」と言ったときに、「長い目で見れば、必ず儲かるんだから、絶対損はさせない」と大見得を切っているのだ。それでいて、これだけケチョンケチョンにぼろ負けをして、年金受給者にしわ寄せを押し付けているにもかかわらず、誰も怖くて批判ができない。今のマスコミ、とくに新聞各紙は、本気でアベノミクス批判をすると「優遇郵便料金を廃止するぞ」と一喝されただけで「ははーっ、仰せのとおり」と平伏してしまう。昔はかろうじて朝日とか毎日とかは、それなりに批判めいたことを書けていたが、今でも本気で批判を書いているのは全国配達網を持たずに経営している東京新聞だけになってしまった。

だからこそ、日経平均が2万1000円近辺で下げに転ずると世界の株価が暴落する

ただ外国人投資家は、安値のうちに仕込んでおいた株を日本の機関投資家に高値で買い取らせているので、「日本株を買って、あおって、売って」をくり返すたびに、けっこう巨額の儲けを出している。日本で日経平均が2万1000円前後で急落に転じると、必ず世界的な大暴落が起きる理由は、おそらく以下のような事情があるのだろう。

外国人投資家としても、日本の機関投資家をこれだけうまくカモにすることができると、他

の国でも同じことをやれば、同じように儲かるだろうとタカをくってしまう。たとえば「BRICSがいいぞ」とか言ってみる。だが、BRICS景気をあおったのは完全な失敗だった。どうにもならなくて、もう本当に悲惨な損切りをせざるを得なかった。

日本の機関投資家があまりにもカモにしやすかったので、ついついよそでも同じようにできると思い、「買って、あおって、売り抜ける」という筋書きを書く。残念ながら、たとえばBRICSでさえ、日本の機関投資家ほどだらしなくないので、「これは怪しいぞ」と思って、付いて買いに入ってくれない。笛吹けど、踊らずだ。そこで、日本で大儲けした外国人投資家が、ほかの国の市場では孤立して、大暴落してから損切りで売らざるを得ないということがくり返されている。

こうして、日本で日経平均が2万1000円直前、あるいはそのすぐ上ぐらいまで行ってから日本株が下がり始めると、その日本株でたっぷり儲けた外国人投資家が、「他のところで同じことをやれば、もっと儲かるだろう」と思ってやってみたら、ずっこけるということをくり返してきた。それが、この日経平均が2万1000円前後に到達してから反落すると、必ず世界的な大暴落が起きるという結果につながっているのだ。

この日本株でたっぷり儲けた資金も一役買って、とくにトランプ勝利以後の世界の株式市場は、ファンダメンタルズ的にはどう考えても間尺に合わないような高値で、新高値をどんどん取っている。金融市場関係者なら「これは危ないぞ」と考えるのがまず前提だ。だが、世界株が危ないという話にはもうちょっと裏があって、その裏とは最近の株式市場は役割が一変してしまい、むしろ世界経済の見通しが暗くなればなるほど、株価は上がる構造になっているということだ。

それで何が一番大きな問題かというと、アメリカの場合にはS&P500採用銘柄の値上がりによって、世帯所得は実際に伸びている。まあ伸びていると言っても、アメリカの個人世帯の中でも本格的に所得が変動するほど株を持っているのは上から2割ぐらいだから、本当に上に厚く下に薄い所得格差がますます拡大するような伸び方だが。ただ、とにかく伸びてはいる。

一方、日本株を見るとどうか？　日本株は「アベノミクス景気」で、1万円割れの水準からほぼ2倍に上がっているのに、日本の世帯所得を実質ベースで見るとどんどん下がっているのだ。上にも書いたとおり、日本株が上がって儲かっているのは外国人投資家だけだ。日本の個人投資家は安値で買っておいたものを実現益を出しているから、少なくとも損はしていない。ただ機関投資家は外国人投資家の後追いでボロ負けしているから、その分だけ実質世帯所得を下げるほど、株価の上昇によって被害を被っているわけだ。

先進諸国の中央銀行の中でも一番派手にバクチを打っているのが日銀

とくに量的緩和ということを言い始めてから、先進諸国の中央銀行のバランスシートがものすごい勢いで拡大している。その中でも本当にすさまじい拡大をしているのが、日銀だ。P187の図表をご覧いただきたい。

このグラフを見ると本当に日銀というところは、中銀の資産だけでGDPの80%近いところまで行ってしまったことがわかる。スイス国立銀行は業界でも有名な相場を張る中央銀行で、ここはまあ切った張ったが大好きだし、それなりに利益も出している。だから、自行の資産がGDPの100%を超えていても、あまり真剣に心配する必要もないと思っているようだ。

しかし、日銀は、本当に10年前まではお公家さん集団と言われていて、切った張ったが全然できない人たちなのに、こんなに資産規模を拡大してしまったわけだ。その資産は、なんらかのかたちで運用せざるを得ない。国債も買ったし、日本株もETF（上場投信）を通じて買ったが、全部高値づかみをしているので、これからどんどん下がっていく。いったい日銀の損の穴は誰が埋めるのかと、そういう話になる。

実は、中国人民銀行は、もっとすさまじい拡大をしている。だが、先進諸国では間違いなく日本の中央銀行である日銀が一番大幅なバランスシート拡大をして「量的緩和」なるものを実施している。どういうことかというと、自分のところで刷った日銀券を、金融機関から金融資産を買ってやって、その代金としてばらまいているのだ。そうすると、たとえ直接買ってやるのは、国債のように比較的安全な資産だったとしても、「ばらまかれた金は株に回るから、それで株式市場が活性化して、日本の景気も良くなる」という思惑でやっているわけだ。

ところが最近ではそれだけでなく、株もＥＴＦといういくつかの銘柄で構成するポートフォリオそのものを上場して売り買いしている金融商品を買い始めた。直接株も買って債券も買ってという危険を延々と冒しているのに、日本の金融市場は横ばいだったり、株価はかろうじて最近戻り気味だが、債券はむしろそうとう危なくなっている。

もう１つ注目していただきたいのが、レバレッジ倍率だ。これは自己資本に対して、どのくらいの借金で運用しているかということを示している。本来は地味な商売をしているはずのふつうの都銀の場合、だいたいレバレッジが20倍を超えると危ないと言われている。ずっと切った張ったに慣れている投資銀行でさえ、30倍から40倍になると危ないと言われる。ところが中央銀行という組織は、涼しい顔で１００倍とか１２０倍というものすごい高水準にレバレッジを拡大している。

まず紙幣を刷れるから、「損しても穴埋めにどんどん刷り増しすればいいんだ」という態度

肥大化した日銀の危険な体質

主要中央銀行の総資産拡大（2007年対2015年）

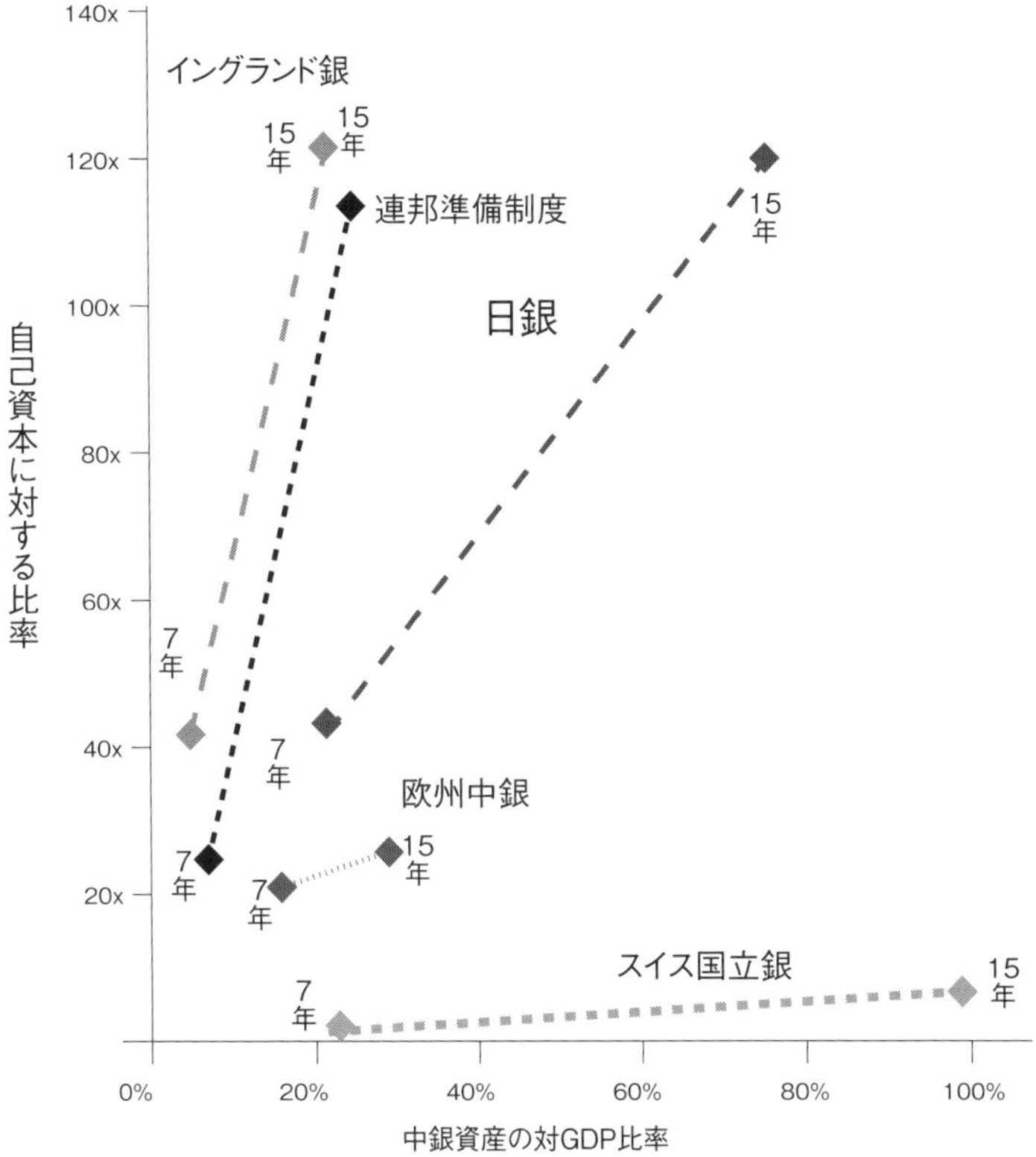

出所：Incremenlum、『金ブルのための50のスライド』、2016年９月29日刊行より引用

先進諸国の中央銀行の中で、日銀が一番無謀に借りたカネで総資産を膨らませて、バクチを打っている。総資産の対GDP比率が最高のスイス国立銀は、自己資本を厚くしている。だが、日銀は借金が多いので、持っている金融資産に1％の損失が出たら、自己資本が消えてしまう。

で運用している。ただイングランド銀にしても、連邦準備制度にしても、レバレッジは上げているけれども、総資産はGDPの8割とか10割というべらぼうなことはやっていない。20%以内に保っている。そこで損は拡大しても、たかだかGDPの2割程度だという歯止めはかけているのだ。

日銀は、自分の総資産をGDPの8割にしただけではなく、その総資産に120倍のレバレッジをかけている。これはもう、ひょっとしたら、いやふつうにGDP丸1年分に近いような損が出るという運用を平然とやっている危ない組織だということだ。総資産をそこまでばかげた規模まで拡大しても、日経平均のほうはいまだに横ばいだ。上で説明したとおりなんとか2万1000円に近づくと、そのたびに外国人の売りが入って、外国人には儲けを確定して逃げられてしまい、日本の機関投資家は貧乏くじを引くという仕組みになっている。

最近は日本の機関投資家でさえ、日銀とか公的年金資金以外は怖がって日本株を買っていない。今の状態で貧乏くじを引くのは、日銀と公的年金資金だけに絞られつつある。だからこそ政府は一生懸命、公的年金の給付額をどんどん縮小しよう、縮小しようとしているわけだ。そもそも、あらかじめ思考実験をして「貧乏くじを引くぞ」ということがわかるというほど頭のいい人たちではないので、もう貧乏くじを引いて、巨大な欠損が出ているということだろう。だからこそ年金給付をどんどん切り詰めざるを得ないのだ。

資金流出入で見ると、政府・日銀はザルで水をすくおうとしているようなもの

日本の個人投資家も機関投資家も含めて、アベノミクス開始以来どんどん金融市場から資金を流出させて、諸外国へと移している。唯一株式だけは、2012年から14年前半まで資金流入になっていた。これは、すでに説明した外国人投資家が「日本株いいぞ」とあおって、つまり自分ではまったく信じていない「アベノミクスは成功するぞ」と言って、自分から買い始めていた時期だった。外国人投資家は、2013年通年で15兆円も買い越したというべらぼうな買い越しをしていたので、この分野だけ資金が流入している。それ以外は、日本の個人投資家も機関投資家も、過去延々と株をふくむ日本の金融資産を売り続けているのだ。

なぜ売っているかと言えば、やはり日本の株も債券も持つのが怖いから、これぐらいだったら海外に投資したほうがマシだと思っている。まあヨーロッパやアメリカの株や債券を買ったり、もっと悲惨なところではオーストラリアの不動産を買ったりしているので、これから大損するに決まっているようなものだが。

とにかく、日銀がどんなに金融緩和をして、ジャブジャブ金を回して、日本の金融資産の価

アベノミクスで消費もGDPも消費増税後激減した

年率換算個人実質消費（2012年1Q～2016年1Q）

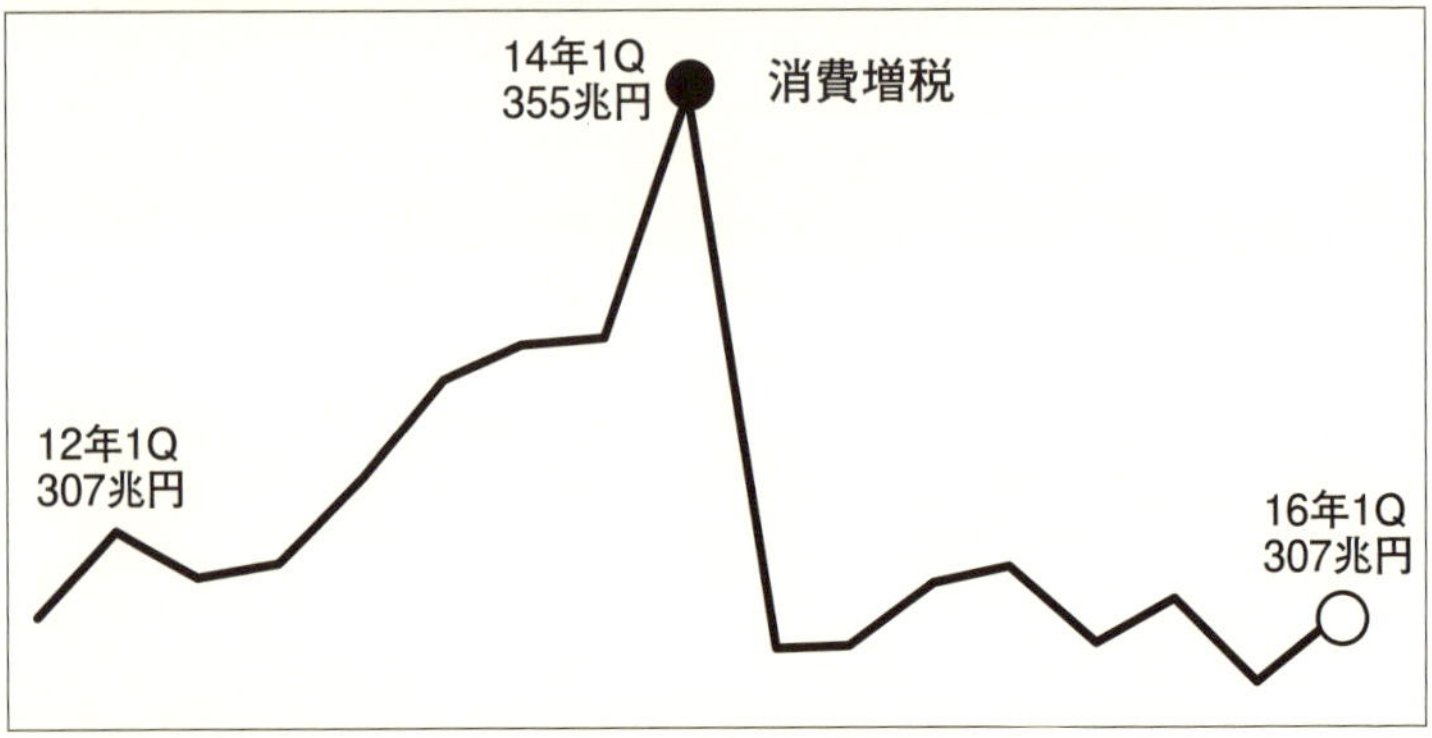

年率換算実質GDP（2012年1Q～2016年1Q）

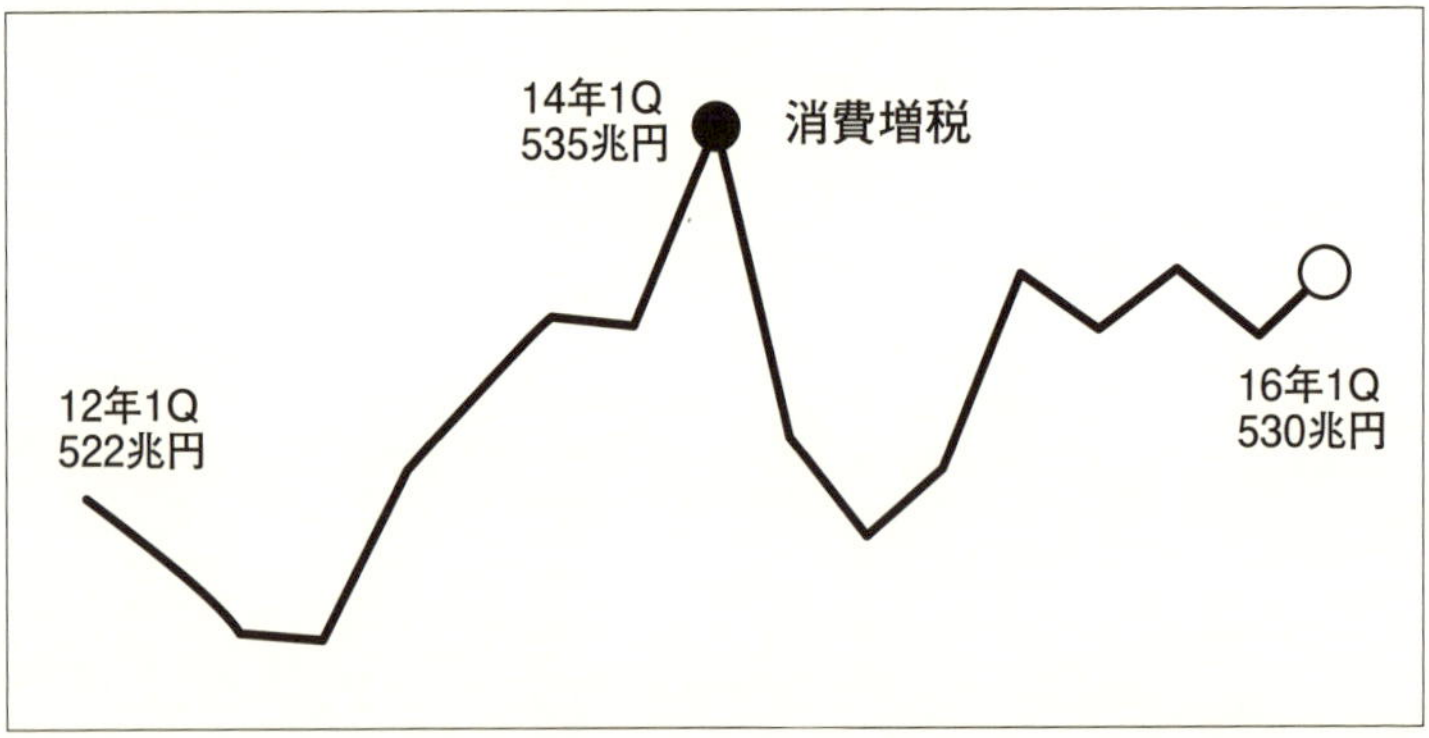

出所：ウェブサイト『Bloomberg Markets』、2016年7月25日のエントリーより引用

個人消費を見ても、実質GDPを見ても、消費増税前の駆け込み需要以外には、アベノミクスによる景気浮揚効果はまったく出ていない。円ベースでは実質GDPが多少上がったように見えるが、これは輸出産業の海外収益に円安の為替換算益が出ていることの影響が大きい。

実質投資は金融危機前の水準より低く、デフレも克服できていない

年率換算民間部門実質投資（2007年1Q〜2016年1Q）

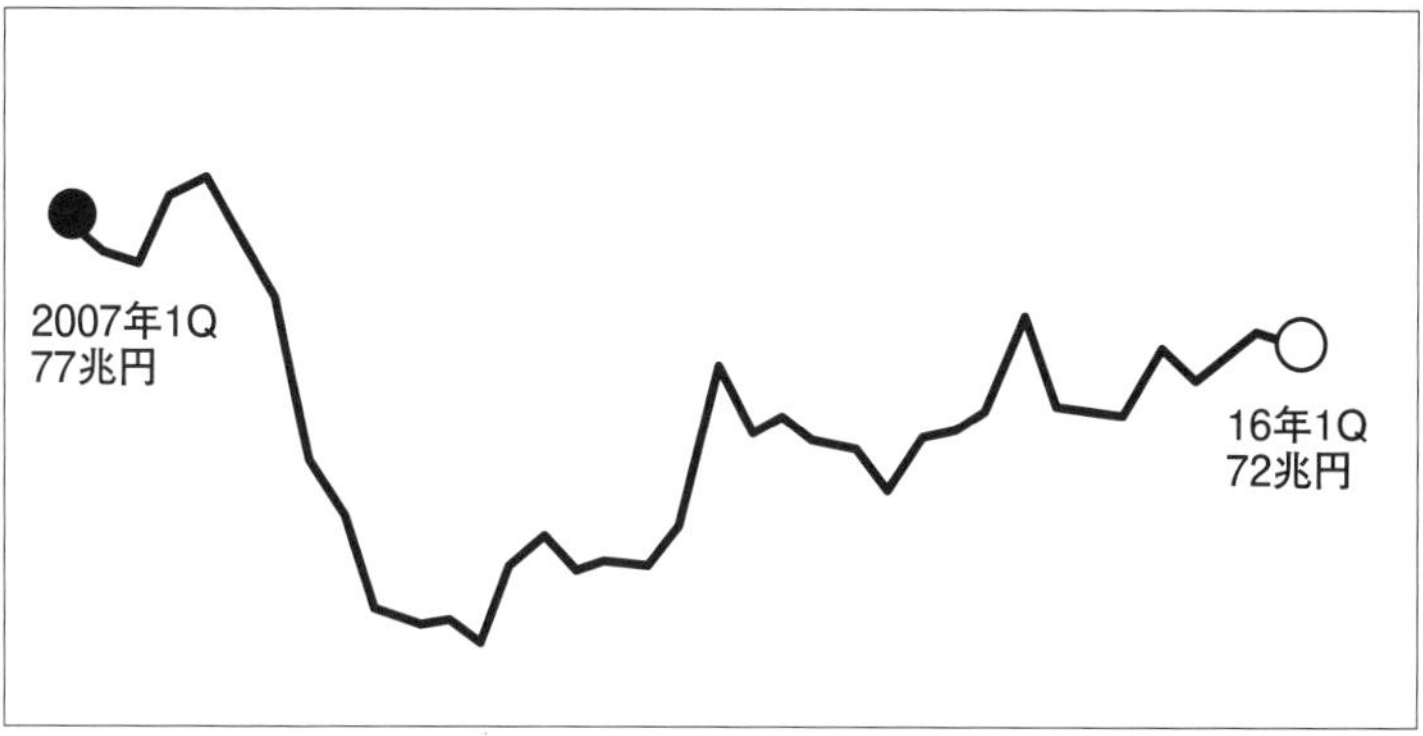

コア消費者物価指数（1998〜2015年）

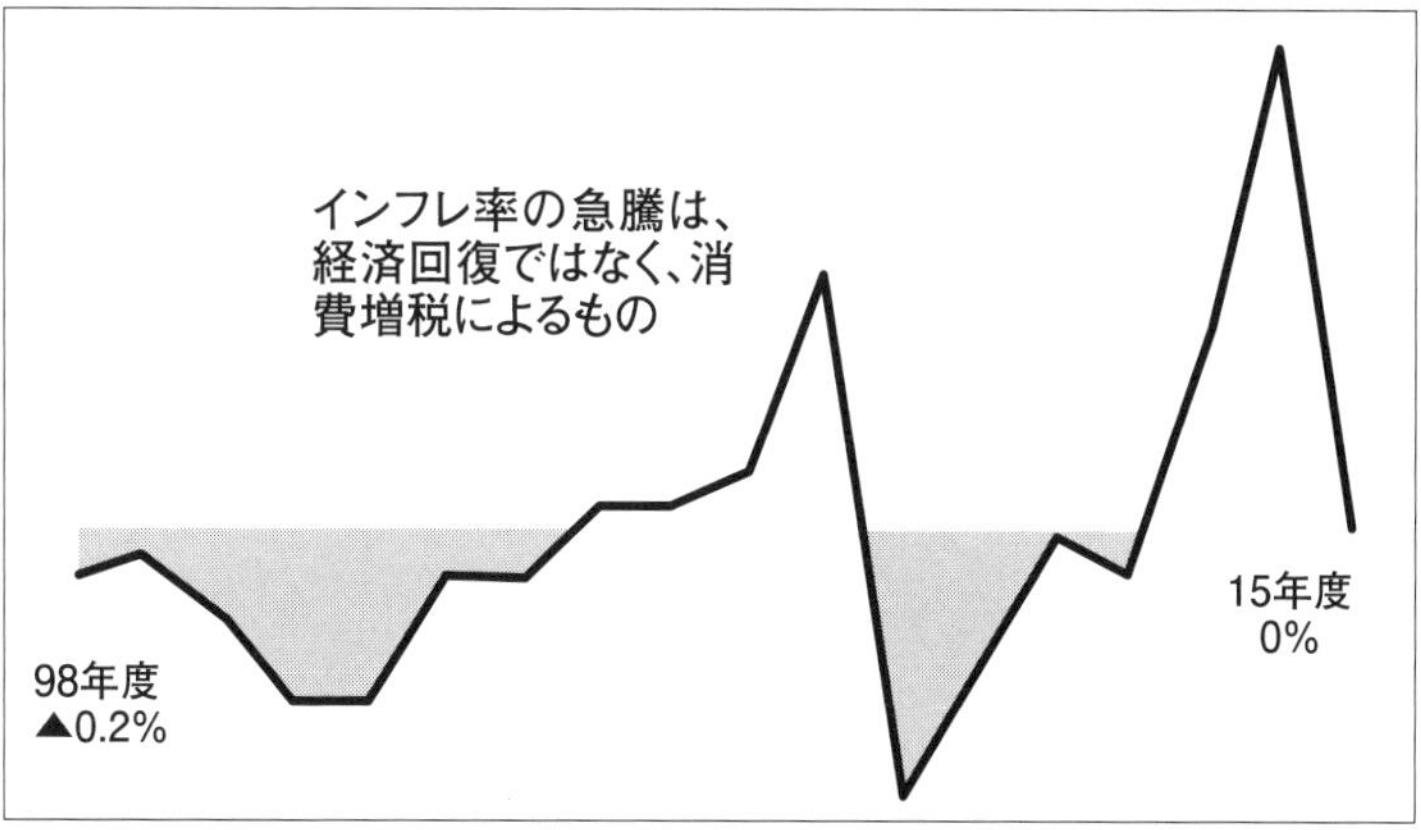

出所：ウェブサイト『Bloomberg Markets』、2016年7月25日のエントリーより引用

民間部門の実質投資にいたっては、アベノミクス前より約6.5％も下がっている。また、生鮮食料品を除いた消費者物価上昇率は、ぴったり0％つまりインフレでもデフレでもない状態に戻っている。年金などの定額収入に頼る人には、インフレよりずっと好ましい状態だ。

格を上げて、そこからインフレをつくり出して、そこから経済を好転させようとしても、日本の金融市場参加者たちはどんどん日本から海外へと資金を逃避させているのだから、ザルで水をすくっているようなものだ。

結局のところアベノミクスで、一体どういうことが起きたのだろうか？　わかりやすい4枚組グラフを使って、点検してみよう。

まずP190〜191の図表の左上にある日本の設備投資は2007年の第1四半期が77兆円だったのに比べて、2016年の第1四半期は72兆円に下がっている。つまり設備投資そのものが、水準としてこんなに下がっているのだ。アベノミクスが導入された頃は70兆円を割っていたので、やや回復はしている。だが、国際金融危機前の水準には遠く及ばない。「これが悪い。なんとかこれを回復させなきゃいけない」ということで、日本に限らず世界中の政府・中央銀行が一生懸命金融緩和をやったり、財政出動をやったりしている。だが、じつは彼らは根本的に間違っている。

なぜ間違っているのか？　経済全体が製造業主導だった頃は、設備投資をして生産規模を拡大すると、コスト競争力が上がって、どんどんますます業容が拡大し、利益は拡大するという好循環が、設備投資の拡大を基盤にできていた。ところがサービス業は、設備投資をして突然経営規模を2倍にしたら、たいていの会社はそこでずっこけてしまうような業態なのだ。だから設備投資そのものの意義が、製造業主体の経済の時代と、サービス業主体の経済の時代ではまったく違う。それなのに、世界中の金融財政当事者および経済学者は、いまだに製造業主体の時代のように「設備投資さえ回復させれば、景気は良くなる」という間違った思い込みを持っているということが、そもそも問題なのだ。

そのすぐ下（P191）が、コア消費者物価指数という生鮮食品を除いた消費者物価指数になっている。1998年度全体でマイナス0・2％と明らかにデフレだったものが、期間としてはまだまだデフレ期のほうが長かったけれども、最近ではとくに2014年4月の消費税増税をきっかけに、一応はプラスになった。ただそれもまさに一過性の「回復」で、15年度全体で見ると、また0％に戻ってしまって、これから先もあまり上昇する見込みはない。黒田東彦・岩田規久男体制発足当初の日銀は「2年以内にやる」と息巻いていたが、それが「2年程度でやる」になり、「2年ぐらいならのぞましいが、いつになるかわからない」と言いだしている。いつやるかを言わないで、「やる」と言っているだけでは決意表明であって、具体的な政策ではない。

右側上段（P190）に移ると、個人消費は、2012年の第1四半期、つまりアベノミクス以前には307兆円だったものが、消費税増税直前の2014年1~3月期に322兆円まで上がった。ただ、これはまさに駆け込み需要だったので、その後はまた下がってまことに見事に2016年1~3月期には307兆円と、まったくの振り出しに戻ったわけだ。

これは、日本円で数えると単に振り出しに戻っただけだ。しかし、2012年には1ドル＝80円だったものが、今は1ドル＝117円ぐらいに安くなった円で振り出しに戻ったということは、世界経済全体からモノやサービスを買う購買力としては、円安に振れた分だけ下がっている。具体的には3割以上目減りしているのだ。そういうバカなことを延々とやっている。

右下（P190）のGDP全体として見ても、これまた2012年の第1四半期に522兆円だったものが、消費税増税駆け込み需要で535兆円まで上がったけれども、530兆円に下がっている。アベノミクスを導入してからは、むしろ横ばいからやや下がり気味だ。しかも、その下がり気味というのは、日本円評価で下がり気味ということで、たとえば米ドル評価にすればすさまじい下げ方をしている。

インフレ率上昇を目標にすること自体が、根本的に間違っている

民主党（現民進党）政権・白川日銀体制だった最初の量的緩和のときには、ほとんど名目GDPで見ても上がらずに、むしろ若干下がり気味だった。それが、「アベノミクスを推進した今回は、現政権誕生当時は470兆円ギリギリぐらいだった名目GDPが、500兆円を超え

るところまで上がりました。アベノミクス大成功ですよ」と言っている。だが、その中身はいったいなんだろうか？　外国人機関投資家が日本株を借りた円で買うために円を安くしてくれたから、株価も上がるし円も安くなって、輸出産業の海外収益で為替換算益が出たので、名目GDPは水膨れした。しかし、実体経済はちっとも良くなっていなかったのだ。

もう少し長い目で見ると、日本の実質GDPは国際金融危機が起きる直前の2007年半ばごろの年率換算で530兆円というところからすさまじく下げている。当初は国際金融危機の一時的なショックで下げただけだった。その後、東日本大震災があって下げたり、いろいろ不可抗力もあって下げたりしていたものが、やっとなんとか国際金融危機直前の水準まで戻すことができたのは、2012年の年末ぐらいだった。これはまだ政権交代前なので、アベノミクスとはなんの関係もない。

それ以降上がったり下がったりしていたのは、ほとんど全部消費増税関連で上げ下げしているだけで、基本的には横ばいだ。この点については、明白な証拠がある。P196の図表がその証拠だ。

2013年半ば頃から、「ひょっとしたら、アベノミクスで本当に日本経済がインフレになるかもしれない」という期待で、それまでマイナス傾向だった前年同月比のインフレ率が1％前後のプラスに変わった。ところが、2014年4月から2015年3月まで、ぴったり1年

インフレ率は消費増税の分だけしか上がらなかった!!

日本のインフレ率(2012〜2016年)

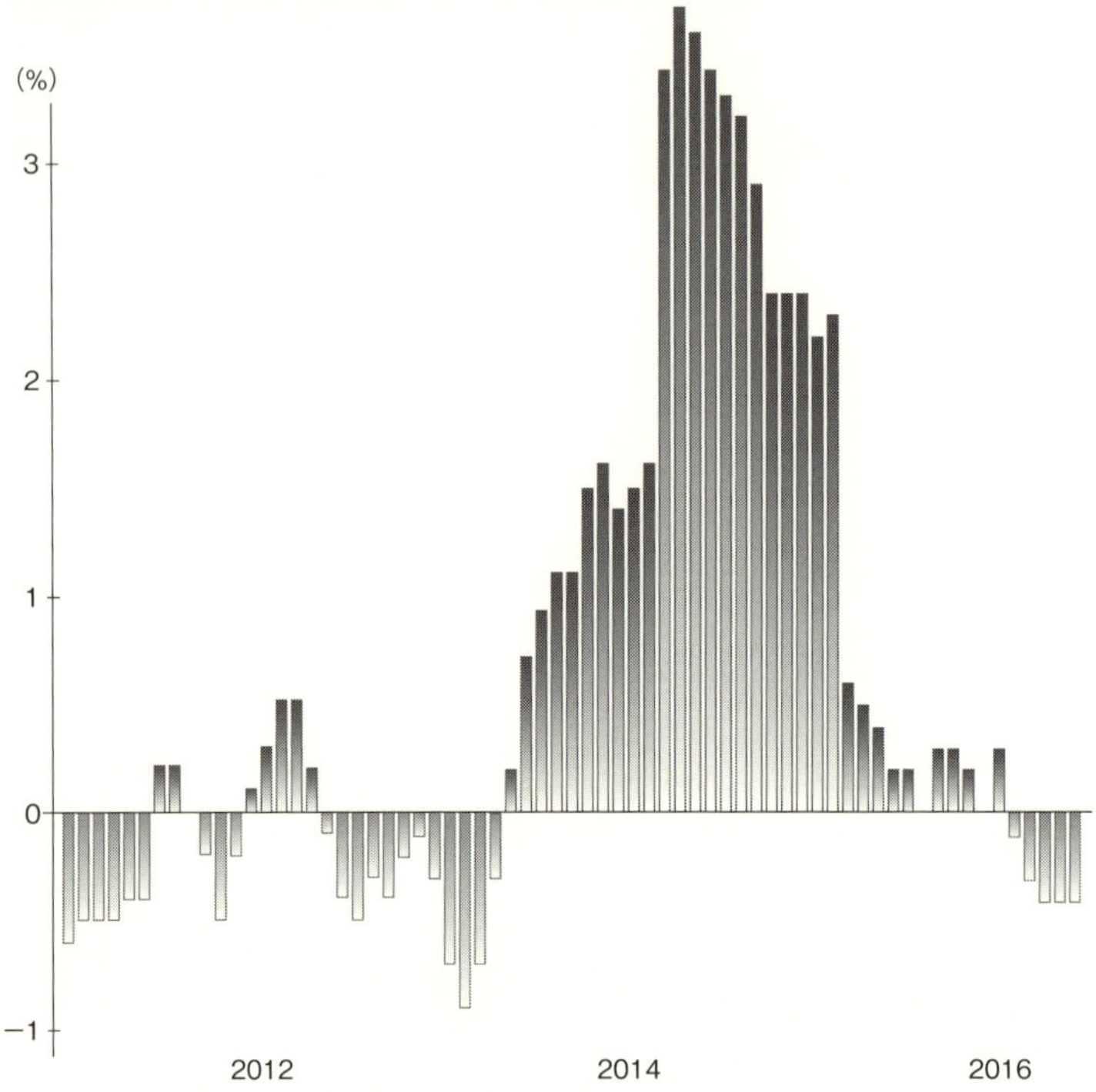

出所:ウェブサイト『Acting Man』、2016年9月24日のエントリーより

インフレ率が安倍・黒田体制で目標としている2%台を維持していたのは、消費増税効果が現れていた1年間だけだった。経済活動全般が低迷している時期に「インフレにするぞ」と脅せば「今のうちに買おう」と消費が活性化するという大衆蔑視自体が間違っている。

間2%以上のインフレが続いたあと、インフレ率はあっという間に前年同月比で0・5%前後へ、そしてマイナス0・5%前後へと下がっていった。つまり実質ベースで見ると、アベノミクスには、なんの景気浮揚効果もなければ、なんのインフレ促進効果もなかったのだ。

日本のインフレ率を見ると、明らかに消費増税のような特殊要因があったときだけは2%を超える。だが、そういう特殊要因がなければ、普通はプラスマイナス、だいたい0・0〜0・5%以内に収まる国なのだ。つまり、日本は物価がものすごく安定していて、収入は年金などの定額収入だけで上昇する見込みのない人にとって、非常に暮らしやすい国なのだ。

日銀は「インフレ、いつやるんですか？　今でしょう」と言い続けてきたが、次々に先送りにしている。インフレ率目標も、2016年7月に改訂したものを11月にもう一度改訂した。そこでおもしろいのが、インフレ率は2016年中には0・1%のプラスにするはずだったのが、0・1%のマイナスに下げている。2017年は1・7%にするはずだったものを1・5%に下げている。2018年は、1・9%のはずが1・7%に下がっている。

こうしてインフレ率を3年にわたって下方修正しているのに、実質GDP目標はまったく変えていない。ということは、政府日銀は一生懸命、「インフレにすれば景気が良くなる」と宣伝に努めているが、実はインフレにしようと、しまいと、実質GDP成長率は全然変わらないことを、政府・日銀自身が認めているのだ。自分たちで変わらないと認めているものを、それでも「インフレにさえすれば、景気は良くなる」と言い張り続けて、なんとかインフレにしようと、日銀自身が膨大な金額の国債を買ったり、株を買ったりというムダな努力をしている。

日銀の株式市場介入は、とんでもなく危険な火遊び

日銀が日本国債をべらぼうな金額買い込んでいることは、よく知られている。だが、上場投信と呼ばれているＥＴＦも市場動向をねじ曲げるほど大量に買っていることは、あまり知られていない。どうしても、国債に比べれば微々たるものだろうという印象を持っている人が多い。

ところが、日本株ＥＴＦ市場において、日銀はもう6割を持っているのだ。日本株ＥＴＦとは、大部分が日経平均や東証株価指数の動きをトラッキングした銘柄ポートフォリオで、上場しているので売り買いできる投資信託を指す。

日銀の場合に、とくにバカなことに日経平均をトラックしたやつを、ものすごい量買ってしまった結果、たとえばユニクロという商標で衣料品を売っているファーストリテイリングのように大減益を続けている会社が、株価は暴騰してしまう。なぜかというと、日経平均というのは、また日本経済新聞社がいかにバカかという象徴みたいな指数なのだが、時価総額でウエイトせずに、1株あたりの株価で採用225銘柄のウエイトを決めているのだ。

そうするとファーストリテイリングは、創業者が多数株主を部外者に取られるのが怖いので、株数を制限するためにべらぼうに高い株価にしている。そういう日経平均採用銘柄の中でも流動性の低い企業ばかりが、日銀様のお買い上げでべらぼうな高値に舞い上がっていく。

日経平均という株価指数は、流動性が低いものを重視するというでたらめな構成になっている。マーケット規模をまったく反映していないので、トヨタよりユニクロのほうが日経平均の中での比率が高いのだ。

そのばかばかしいことをやっている日経平均連動ETFを、ばかばかしいことをやることにかけてはプロ中のプロである日銀が、ほとんど買い占めてしまったので、株価形成がまったく実体経済とはかけ離れている。要するに、流動性が低くて1株単価の高い銘柄ばかりが急上昇しているのだ。すでに日本株ETF市場での日銀持ち株シェアが半分を超えていることが何を意味するかというと、たとえば日銀が日経平均をトラッキングしているETFばかり買い占めているので、東証株価指数に対する日経平均の比率というのが、1996～97年あたりのピーク以来で一番高いところに来ているのだ。

本来であれば、東証株価指数というのは東証一部上場株全部を指数化したものなので、一番日本経済の実力を表しているはずなのに、それに対する日経平均の割高さが、国際金融危機の頃に大底値に達していたものが、最近ではピークに近いほど上がっている。簡単に言えば、それだけ流動性が低いのにというか、流動性が低いからこそというか、単位あたりの株価が高いものばかりが買われる、いびつな株価形成になっているわけだ。

日銀の日本国債購入額は年間80兆円と想定されているのに対して、ETF購入額は年間で「わずか」6兆円なのだ。それでも、このぐらい大きく株式市場を歪曲できてしまう。だから怖いのだ。アメリカをはじめとする海外の機関投資家が日本株を、ほとんど自由自在に上げたり下げたりできるのも、しょせん日本株式市場の規模がそれだけ小さいということなのだ。

だいたい世界中どこでも、株式市場の規模は、国債の規模の半分ぐらいしかない。だが、日本の場合には、ムダに国家債務をどんどん累積させているので、とくに国債市場が株式市場に対する時価総額の比率が高い。だから、株をいじろうと思えば、国債をいじろうとする金額の10分の1ぐらいで十分操作ができてしまう。だからこそ、外国資本がおいしい儲け口だと思って群がるに決まっているのだ。

それでも日銀に付いて行かざるを得ない、銀行業界の悲哀

もう1つ怖いのは、世界中でマイナス金利になってしまった国債が7兆4000億ドルある中で、日本だけで5兆2000億ドル近くあって、約7割を日本が占めていることだ。こんな

に経済合理性のないことを、これだけ派手にやっている国は、世界広しと言えどもわが日本国だけだ。

それでも銀行は怖くて株は買えないから、マイナス金利の国債にしがみつかざるを得ないという悲しい事情がある。日本の銀行がいかに悲惨な立場にあるかというのを示すのが預貸率の推移だ。預貸率とは銀行が預金者から預かった金額のうち、どのぐらいの金額を融資に回せているかを示す指標だ。

日本の銀行は、そもそも預貸率が慢性的に低かった。預金はあるけれども、融資先が見つからないので融資できないでいる資金が、2010年の時点ですでに150兆円を越えていた。それが、じりじり上がり続けて、現在はちょうど200兆円ぐらいに達している。その一方で、日本の銀行が法定準備という、必ず日銀にこれだけの金額を預けておかなきゃいけないという金額を超えて日銀に預けている金額は、2010年の12月にはまだ0に近い20兆円しかなかったものが、今では220兆円になっている。ものすごい勢いで伸びているのだ。

しかも皮肉なことに、黒田総裁が「日銀に預けた預金には利子を付与してやるどころか、利子を取るぞ、マイナス1%の金利にするぞ」と言いだしてから、むしろ増え方が急速になっている。何が言いたいかというと、それぐらい先進諸国経済、とくに日本経済は、どんなに投資を増やそうとしても、儲かりそうな投資先がない。だから、融資も本当に安全確実に元本が回収できそうな相手先が見つからないということなのだ。

そこで、「毎年0・1％の金利を徴収されるほうが、融資をして焦げつくよりはマシだ」という資金が、こんなに滞留しているわけだ。これはもう、絶対に金融政策や財政政策でどうなるという話ではない。そもそも工業が経済の主役だった時代には、どんどん投資をすればするほど、規模が拡大できればコストが下がって、もっと儲かるから、もっと規模が拡大できるという循環が成立していた。その循環がもう消えてしまったのに、当時のままの感覚で日銀は金融政策をし、銀行は与信管理をしているから、こうなってしまうのだ。

ただ銀行は、さすがに自分の銀行の収益があるから、べらぼうなムチャはできない。べらぼうなムチャができるのは、「損した分は自分たちで紙幣を刷り増しすればいいんだ」と思っている日銀だけということになる。

日本の金融当局は、戦争以外にデフレ回避策はないことさえ知らない

日本の消費者物価指数をコアで2015年の8月ぐらいから2016年の8月ぐらいまで比較すると、きれいにマイナスに転じている。コアというのは、季節要因などで変動が大きい生鮮食料品を外して見るということだ。つまり、基本的に日本はもうデフレ傾向が定着している

国であって、それを無理やり政策でインフレにしようとしても、国民生活が貧しくなるという弊害はあるが、ちっともうまくいかないということが、このグラフにもはっきり出ているのだ。

実は、アメリカも第二次大戦後、デフレ傾向になったことがあった。第二次世界大戦が終わった直後の戦後復興景気で、年率20%にも達するかなり強烈なインフレが1946年半ばから1947年初頭ぐらいまであった。その後、インフレ率が急落して、1949年の半ばぐらいにゼロを下回ってから、3%ぐらいのかなり深刻なデフレになりかけたことがある。このとき何が起きたかというと、朝鮮戦争だった。

アメリカという国は、本当に軍需産業がものすごく強い国なので、「デフレ回避の奥の手として、戦争をおっ始めりゃあいい」という方針が通用してしまう国なのだ。それは決していいことじゃない上に、日本はどうがんばったって、そんなことはできない。手を替え、品を替え経済政策はあらかた実験済みのアメリカでさえ1度デフレが深刻化すると、戦争以外の脱却策はない。

それなのに、日本は戦争なしでデフレ脱却をやろうとしている。戦争なしに金融財政政策だけで、デフレをインフレに変えるのがどれだけバカげた努力を必要とするかということを、まったくわかっていないのだ。今ごろになって、安倍内閣と黒田日銀はどんな手を打っても、ちっともインフレにならないということを、身に沁みて実感しているだろう。いや、そこまでの理解力を要求することさえ、高望みかもしれない。

先進国の輸出は、自国通貨安では伸びない

もう1つ問題なのが、アベノミクスを導入してから、日本の工業生産高指数が横ばいよりは、むしろマイナス気味になっていることだ。民主党内閣末期にもマイナスになることが多かったが、少なくとも安倍内閣の触れ込みとしては、「円安にすれば輸出が増えるから、工業生産は伸びる」ということだった。

ところが、これもまた、まったく事実と反していた。最近日本で工業生産が伸びたのは、2013年から14年の春にかけて、「これから消費増税があるから、その前に買っちゃおう」という駆け込み需要を当て込んでいた時期だけだった。それ以外では、ほぼ毎月マイナスになっている。2014年初頭にピークが来た伸びは、全面的に駆け込み需要だった。ということは、円安にすれば輸出が伸びるから、工業生産が伸びるという話はまったくウソだったということだ。

なぜウソかというと、十分理由のあることなのだ。世界中の先進国どこでも似たような傾向はあるが、日本の輸出品はとくに資本財とか中間財という、そのまま消費者に売るものではな

く、消費者に売るものをつくるための機械であるとか、カーボンファイバーやＩＣとかの中間的な素材が多い。

それが何を意味するかというと、消費財はたしかに自国通貨を安くして売り先国の通貨での価格を安くすれば、それだけ需要が伸びる傾向がある。中国みたいにほぼ完全な加工貿易の国で、中間財をほとんど輸入していて、消費財として組み立てたものだけを売るという段階なら、元を安くすれば輸出が伸びるということは、実際にあるのだ。

ところが資本財とか中間財は、世界中どこの国の工場でも、めったに日本の設備装置だけを使って、日本の中間財だけを使って製品を造っているところはない。いろんな国からいろんなものを、それぞれのメリットと価格に応じて取り寄せ、組み合わせて工場を経営している。しかも、特定の製品を造るには、どれかの部品や機械が安いから、そればかりいっぱい買って、他のものは買わずに造るということはありえない。

日本では、工業製品の輸出に占める資本財、中間財の合計が82～83％で、完成財、消費財は17～18％程度に縮小している。そもそも円安にしても、たいして輸出が伸びるはずがない。にもかかわらずやってみて、やはりちっとも輸出数量は伸びなかったという愚鈍な話なのだ。

円安・インフレ政策に何一つ国民に利益は生じなかった。一方、非常に大きな損失は明らかにあった。それは本章冒頭の図表上段のグラフにはっきり出ている（Ｐ１５８～１５９）。日本のGDPを円ベースではなく米ドルベースで見ると、最盛期である2011〜12年ごろには、だいたい6兆ドルに達していた。6兆ドルは、現在の為替レートで言えば約700兆円なのだ。この数字を聞いて「えっ、安倍が言うと見果てぬ夢に聞こえる700兆円って、東日本大震災に直撃された当時の日本経済の実力だったの？」と驚かれる方も多いだろう。そう、愚昧な政治家にやりたい放題をさせておくと、国民経済はここまで落ちぶれるのだ。

直近の2015年では4兆ドルをかろうじて上回る程度で、4兆1000億ドルとか4兆2000億ドルの低水準でうろついている。つまり、日本国民は安倍のおかげで丸々3割損している。世界中からモノやサービスを買う購買力が、約3分の2になってしまったのだ。そこまで大きな犠牲を出して、輸出産業を本当に活性化する効果があったのかというと、これはもう全然なかったと言ってもいいぐらいだ。

安倍が推進するTPPのご立派な応援団

安倍内閣のもう1つの特徴が、民主党政権時代の首相たちができること、できないこと取り混ぜて思い付きで言ってしまったことのうちで、筋の悪いものほど頑強に執着することだ。その典型が消費増税だが、もうひとつTPPにも安倍はご執心で、トランプ当選直後にかかりそめにも現職のオバマ大統領を差し置いて「自由貿易がどんなに素晴らしいか、教えてやる」と称して、先進諸国で最初に次期大統領に会見した国家元首となった。

まあ安倍が惚れ込むというだけで、筋の悪い話であることが明白だ。ここでは一歩突っこんで、アメリカ連邦議会議員への献金額で、ＴＰＰにはどんなに怖いスポンサーがついているかをご紹介しておこう。Ｐ２０８のグラフだ。

このリストを見ると、アメリカの狙いがどこにあるか、すぐわかる。要するに金融と軍需産業と医薬品製造業で、もっと日本を食いものにしようというのが、露骨に出ている。連邦議会の上下両院でＴＰＰ委員を務める議員たちへの献金額で、上位53社のリストだ。ゼロックスが2度登場するというようなずさんなところもあるが、大口献金企業についての信頼性は高いだろう。企業実名入りのデータで自社に不利な間違いをされると、企業は法外な賠償金を請求できるからだ。

ＴＰＰの本命は、農業などではさらさらない。農業関連企業でこのリストに出てくるのは、21位のモンサントだけだ。「金融、兵器、医薬品をもっと外資系に儲けやすい環境にさせろ」ということなのは、歴然としている。これもまた日本のマスメディアはまったく無視している。

それにしても、ゴールドマン・サックスの突出ぶりは、すごい。ゴールドマンの株価が、ほぼ完全に日経平均に連動していることは、すでにご紹介したとおりだ。つまり、世界中の株式

献金リストからわかるTPPの本当の狙い

連邦議会TPP委員に献金をした企業団体リスト（2015年1〜3月のみ）

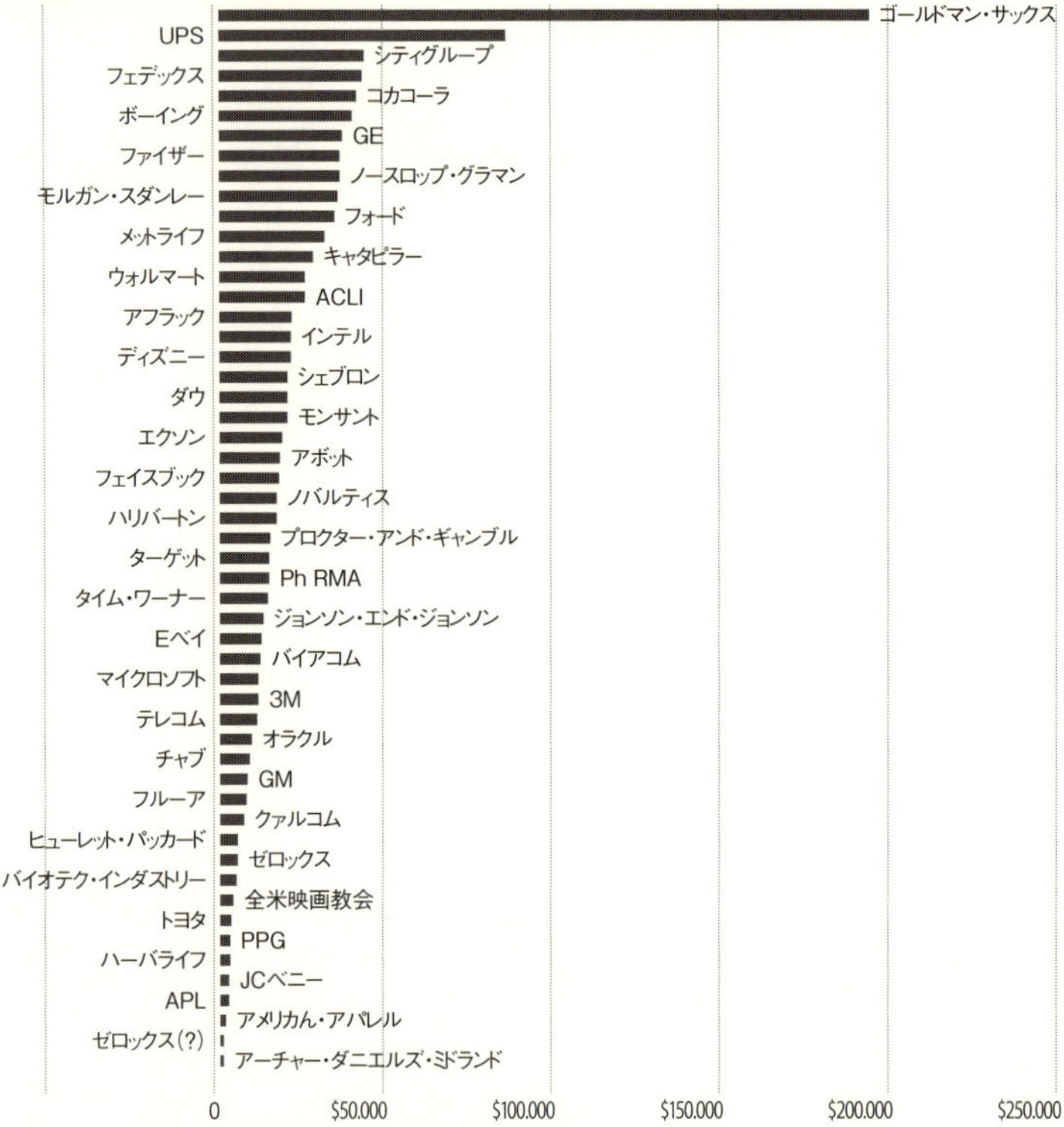

出所：ウェブサイト『Zero Hedge』、2015年5月3日のエントリーより引用

米国連邦議会のTPP委員への献金額上位には、金融機関、軍需産業、製薬会社などが並び、農業関連は21位に1社入っているだけだ。アメリカの狙いは、農業自由化ではなく、金融サービスや軍需産業や医薬品産業などが、自由に日本の市場で儲けられることなのだ。

市場参加者が、ゴールドマンにとって世界で一番おいしい儲け口が日本だと認めている。それでも飽き足らずに、「もっと金融商品も、人材も、資本も自由に日本に出入りさせろ」と連邦議員たちに発破をかけているわけだ。

また、ボーイングもノースロップ・グラマンもかなり高いところにいる。軍事産業もまた、自由化させれば、一方的に日本の入超、アメリカの出超になることが確実な業態だからだ。つい最近も墜落した（米軍と防衛省発表だけが「不時着」となっている）オスプレイは、名うての欠陥機だ。この欠陥機を自発的に購入すると手を挙げているのは、世界各国でアメリカの軍事支援なしには瞬時に国が消し飛ぶイスラエルと日本政府だけだ。

さて、トランプは当選直後から「大統領としての初仕事は、TPP交渉からの離脱だ」と公言してきた。今まで私は、このことばは「オレを個別の政治課題で転ばすとしたら、TPP容認に変えるコストが一番高いよ」というお値段表だと思っていた。つまり、白昼公然のワイロ強要だ。だが、最近どうもトランプはそこまでチンピラでもなさそうだと思い始めた。

「熟慮の結果、やっぱりTPPは農民にも大した恩恵はないし、製造業の大部分には被害が出る。そこで、オバマ政権ではTPPの次の段階としていたサービスにおける商品、人材、資本の国境を越えた行き来の自由化に、すぐさま取り組む。製造業一般は自由化せず、軍需や医薬品のようなアメリカの優位が確立されている分野に限定して自由化を進める」と言い出すのではないだろうか。現安倍政権の経済スタッフなら、貧乏人の生き血をすする医療保険自由化とか、受刑者の生き血をすする刑務所運営サービスの自由化に、もろ手を挙げて賛成するだろう。

日本は労働力人口1人当たり実質GDPが高く、国家債務負担は見かけほど重くない

あまりにも暗い話が続いたので、明るい話題に移ろう。日本経済は、労働力人口1人当たりの実質GDPでは、21世紀に入ってからアメリカ、ユーロ圏、イギリスよりもはるかにいい実績を上げてきた。P211のグラフが示すとおりだ。

このグラフは、アベノミクスが始まる直前の2012年まで、日本経済は労働力人口1人当たりの実質GDP推移で優等生だったことを示している。労働力人口とは、基本的に15〜64歳人口、つまり働く気があれば働ける年齢の人口ということだ。

なぜ名目にしろ、実質にしろ、GDP総額で見るとパッとしなかったかというと、ベビーブーム世代がどんどん引退しているので、労働力人口が激減しているからなのだ。労働力人口1人当たりでどのくらいの成果を達成しているかということで見ると、日本は2000年の水準に比べて、2割以上上がっている。イギリスとアメリカが、かろうじて1割強の上げ幅を達成

日本ほど労働効率のよい国はそうない

労働力人口1人当たりの実質GDP推移(1999〜2013年)

2000年を100とする指数表示

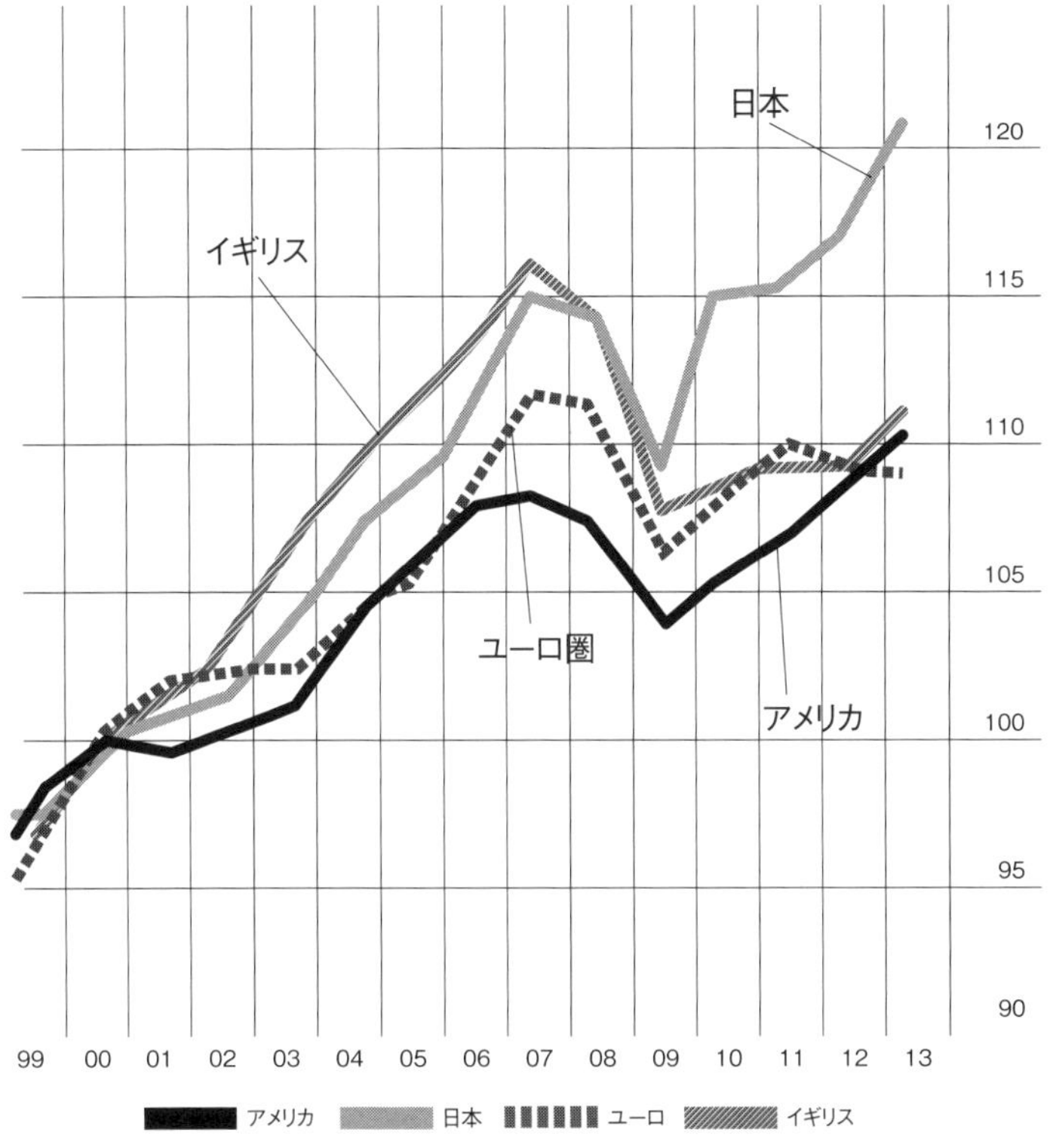

労働力年齢人口とは15〜64歳人口のこと。
原資料:IMF『世界経済展望』、OECD、ユーロスタット、国際決済銀行による推計
出所:ウェブサイト『Wolf Street』、2015年9月10日のエントリーより

2000〜12年という期間で、労働力(15〜64歳)人口1人当たりの実質GDP成長率は、先進諸国の中で日本が一番高かった。つまり、日本経済は遅れているから勤労者の尻を叩き、身分を不安定にしてもっと追い詰めなきゃならないという話自体がウソなのだ。

したが、ユーロ圏は12年かかっても8％ぐらいしか上がっていない。

明らかに日本が一番善戦しているのだ。ただ、人口構成は、政府とか経済学者が、「おまえらもっと子供を生め」と命令したからといって変わるものではない。それは政策では変えられない事実として受け入れた上でどれだけがんばっているかというと、先進諸国で日本が一番がんばっていたということなのだ。

もう1つ悲観論者が間違っている論点は、日本の国家債務だけを見て「GDPの約2・5倍ある。GDPが名目で400兆円前後なのに、国家債務は1000兆円ぐらいある。これが問題だ」と大騒ぎしている。日本はこんなに借金が多い貧乏な国だと主張する人がものすごく多い。だが海外の投資家は、あんなに利回りが低い日本の国債などほとんど買わないから、ほぼ全額、国内の金融機関と日銀が買っているわけだ。日本国民同士での貸し借りは、日本国が貧乏か豊かかということとは、なんの関係もない話だ。国の中で決済すればいいだけのことで。

それでは日本国は、他の国に比べて貧乏なのか豊かなのかというと、世界で一番豊かなのだ。日本の対外資産、つまり外国に投資をしたり融資をしたりしている金額から、日本が海外から投資を受け入れたり、融資を受け入れたりしている対外債務を引いた数値を、対外純資産という。日本はほぼ一貫して資産のほうが負債よりも大きく、つまり対外資産勘定では純資産を持っていて、しかもその純資産は、毎年ずっと増え続けてきた。

ただ注意が必要なのは、2013～14年の2年続きの微増は、これは円安効果だったという事実だ。円が安くなったので日本円に換算したら増えていただけだ。投融資を出したり、受け入れたりしている相手国通貨ベースで見ると、実際には少し目減りしていた。

2015年の時点では、まだ円安傾向が止まっただけだった。これが逆転して円高に振れたのは、2016年に入ってからだ。だが、2015年に円安傾向が止まっただけで、もう純資産が目減りするぐらいに、2013年以来の円安で、日本経済はひ弱になってきた。それでも基本的に日本の純資産は、300兆円を超えていて世界で一番大きい。

2014年末には350兆円ぐらいあったものが、2015年末には310兆円か320兆円まで目減りした。とにかく、日本は300兆円を超える対外純資産を持っているのだ。それを積極的に使う気になれば、日本という国はまったく貧乏ではない。ただ使わずに床の間の置物のように飾っておくだけで「貧乏だ、貧乏だ」と嘆いているのだ。

財政赤字も、国家債務も「正体見れば枯れ尾花」

日本の政府の財政赤字は、べらぼうな水準でどんどん累積していく。財政赤字とは、単年度の税収マイナス歳出が赤字だというわけだ。その財政赤字が累計されたものが、政府総債務ということになる。この政府総債務が2015年の時点でGDPの230%、2・3倍まで膨れ上がっていた。毎年毎年の国家財政赤字も、多いときには9%ぐらい、少ないときでも6%ぐらいでGDPに対してマイナスになっているわけだから、「これが毎年積み重なっていけば、こんなに大きくなっちゃいますよ」という話なのだ。

その中身を見ると、国債の利払い負担は超低金利のおかげで、1990年代末から現在に至るまで、ほとんど横ばいで済んでいる。一方、変化の大きいところでは、社会保障費が激増し、公共事業は激減している。国防費はほとんど横ばいだが、幸いそもそも比率が小さいので、大した貢献も足を引っ張ることもしていない。「だから、社会保障費をどんどん減らさなきゃいけない」と政府は一生懸命宣伝している。それがいかにばかばかしい話かを、順を追って説明しよう。

日本の国家債務については、非常に不思議なことがある。それは、国家総債務のGDP比率は、先ほど指摘したように、直近の2015年で233%になっている。この比率は、ギリシャが180%ぐらいで、もう完全に破綻国家になっている。もうすぐ破綻するであろうイタリアでさえ、147%。フランスは164%と、日本よりずっと低い。アメリカやイギリスの国家債務は、ほぼGDP並みに保っている。ドイツに至ってはGDPの8割にしかなっていない。だから安倍政権は「日本はこんなに国家債務が大きいから、消費増税なり、社会保障給付の削減なりの国民負担によってなんとかしなきゃいけない」と大ウソをついている。

なぜこれが大ウソとわかるのか？　国の支出がＧＤＰに占めるシェアで見ると、日本は非常に低いのだ。よく優等生と言われているカナダが40・8％で、アメリカはあまりにも国が貧乏人の面倒を見ないと言われていて、40・9％だ。それに対して、日本は40・1％にしかなっていない。日本の公的支出は、本当にケチくさいのだ。それほどケチくさいのに、なんでこんなに国家債務が累積しちゃったかというと、最大の理由は外貨準備とか対外純資産とかを貯め込むだけで、積極的に使っていないからなのだ。

外貨準備とは、日本が海外の金を持ち続けているということだ。持ち続けているために何をするかというと、バランスシートの帳尻を合わせるために政府短期証券というものを発行して、金融機関から金を借りて海外の通貨をムダに持ち続けているのだ。まあムダと言っても海外の国債なんかも買ってはいる。だが、最近の低金利で、あい変わらず短期国債ばっかり買っているので、ほとんど利回りがつかない。

日本政府は、当人が理由もわからずに偶然金持ちになってしまった貧乏人と同じで、とにかく海外から稼いだカネを何がなんでも遣わずに溜めこもうとするだけなのだ。買っておいた債券が上がったら売るということは、まったくしていない。とにかく溜まる一方の外貨準備を、全部海外の短期債で回しているからほとんど金利も稼いでいない。

だが、外貨準備を外国政府の短期債で回していることの帳尻合わせのために、政府短期証券なるものを発行して金融機関から金を借りて、膨らむばかりの外貨準備を維持しているのだ。それもあって、国家債務が233％などというべらぼうな比率になっている。そもそも外貨準備は、まさかのときに備えているということだが、今や日本の国民は一生懸命働いていても全然給料が上がらないのに、政府は「インフレにする」と言ったり、「社会保障費を削る」と言ったり、「年金を減額する」とか言ったりしている。これこそまさにまさかのときだから、積極的に外貨準備を取り崩して、国民のために使うべきなのだ。そうすると、少なくとも2つ、すぐいいことが現れる。

1つは国家債務の総額が減る。もう1つは、外貨を売って円を買い戻すわけだから、世界全体として円が高くなる。円が高くなるということは、日本国民が世界中からモノやサービスを買いやすくなる。同じ金額の円を出しても、今までより多くの輸入ができるようになる。ガソリン代も下がるし、金属資源や農産物の価格も全部下がる。そういうことをしないで、外貨準備とか対外純資産を床の間の置物のようにほとんど活用しないでいるために、国家債務がふくれあがっているのだ。

問題の核心は、国政レベルで肝の据わった政治家が1人もいないこと

財務省の体質の問題もあるだろうが、私はもっと単純に、橋本龍太郎の悲惨な末路を見ている政治家が怖くてできないのではないかと思う。橋本龍太郎は、アメリカで講演をしたときに、チラッと「アメリカ国債を売りたいという誘惑にかられたことがある」と言ったとたんに、それまではどちらかといえば自民党の領袖にしては、清潔なヤツだと思われていたのが、あちこちからスキャンダルが出てきた。あるいは得体のしれない難病にかかって、あれだけ剣道をやって体を鍛えていた人間が、70歳にもならないうちにボロボロになって廃人同然で悲惨な末路をたどった。ほぼ完全にアメリカの特務機関が罹らせた病気でしかありえないだろう。

それを少なくとも派閥領袖クラスの政治家はみんな知っているから、怖くてできないというのが一番大きな理由ではないだろうか。「それではもう、どうしようもない」と諦める必要はないだろう。たった1人、「俺は命が惜しくないから、アメリカの国債を売ってやるよ」という勇気のある政治家が出てくれば、それで済むことだ。

最近当選したフィリピンのドゥテルテ大統領みたいな政治家が1人いれば、ずい分違うだろう。トランプは本当に見かけ倒しだったが、ドゥテルテはすばらしい。何がすばらしいかとい

うと、ドゥテルテだけが親日・親中路線で、なんとか日本と中国をとりもって、世界最大の人口を持っている東アジアが世界をリードするようにしたいというビジョンを持っている。世界中で、元首級の責任ある立場にある政治家で、ここまではっきり言っているのはドゥテルテだけだろう。それは世界観の問題として、絶対正しい。

過去500年の世界の歴史は、欧米諸国が一方的にアジアやアフリカ、南アメリカを食いものにしてきた歴史で、それに対抗するには、やはり東アジアでヨーロッパ人よりはるかに穏健で平和に大勢が共存する習慣を持っている人たちが、世界経済、政治の主導権を握るべきなのだ。それができない最大のネックは、自民党の安倍晋三と中国共産党の習近平というともに「七光り」政治家が、何から何まで反目しあっているからできないわけだ。安倍晋三は祖父の代からだから、キム・ジョンウン第一書記と同じように四十九光だが。

この反目しあう日中をうまく両天秤にかけて、あいだを取りもって、自分がヘゲモニーを握れば、これから世界経済政治の覇権はフィリピンに転がりこむとドゥテルテは思っているのだろう。さすがにそれは無理だろうが、ただ世界観としては、今、世界中の首相、元首クラスの中で、一番正しい世界観を持っているのではないだろうか。

賢い個人投資家と愚鈍な機関投資家で成り立つ国、日本

日本国内に話を戻すと、一番健全なのはやはり日本国民、個人家計だ。どういうことかというと、日本の家計金融総資産は、どんな景気が悪いときでも微減ぐらいはするが、長い目で見れば確実に増え続けている。しかも単に増え続けているだけではなくて、どんなおいしいことを言われて、「貯蓄から投資へ」とか鉦や太鼓でそそのかされても、頑として必ず半分以上は預金で持っていて、株はほんの申し訳程度にしか持たない。

しかもすごくおもしろいのが、2012年から2015年6月の2年半で、日本の個人家計の総資産に占める株式比率は倍増に近いぐらい上がっているという事実だ。この間、日本の個人家計は一貫して株を売っていたにもかかわらず、そうなのだ。

なぜこういうことが起きるかというと、2012年から15年にかけて、外国人が介入して日本株が上がっていた頃に、利益確定の売りを出しながら、それでもまだ残っている分だけで、キャピタルゲイン（評価益）がこんなについていたのだ。

逆に「外国人投資家が買っているぞ」ということに気がついてから買い始めて、売り出したということに気がついてから売った機関投資家がボロ負けして、株の保有総額に占める日本の

機関投資家のシェアは激減しているという図はすでにご覧いただいた。それぐらい日本という国は、個人世帯が賢くて、機関投資家が愚鈍な国なのだ。

いわゆる識者の意見は別として、市場参加者の平均値で一番進んでいるのは、やっぱりアメリカのように見える。アメリカではもう「工業生産の時代じゃないから、投資を拡大されちゃ困る」という判断をして、いいニュースでは株価が下がり、悪いニュースでは株価が上がっている。一番遅れているのが、いまだにいいニュースで株価が上がり、悪いニュースで株価が下がるヨーロッパということになる。進んでいるとも遅れているとも言いかねるのが、日銀や公的年金資金が特攻隊攻撃をいまだにやっている日本と、いうことになる。

だが、世界中で一番進んでいる投資家は、機関投資家という味噌っかすをのぞいた日本の個人投資家ではないだろうか。終戦直後の、まさに道路に血が流れていた頃に「捨て値、叩き売り」価格で買った日本株を、その後延々と上がれば吹き値売りを一貫してやり続けているのだ。さすがに、1987～89年にバブルが満開になったときだけは、あとから買いに入って大損をした個人投資家も多かった。だが、この1回で見事に教訓を学んで、その後はまた一貫して、吹き値があれば売るというスタンスに戻っている。

その意味では、日本の個人投資家こそ、サービス業経済への転換に一番早く気がついたと言えるかもしれない。当然吹き値売りばかりなので、株式市場でのシェアは戦後すぐの60～70％

から、今は20%を割り込むぐらいに下がっている。それでは資産価値としてどうかというと、これはインフレがあったから当たり前と言ってしまえばそれまでの話だが、ほんのわずかに残っている株の資産価値としては、いまだに日本株の60~70%を持っていた終戦直後よりはるかに高い。つまり、日本の個人投資家はすばらしいパフォーマンスをしているのだ。

逆に一番惨めなのが、日本の機関投資家と称する銀行とか生損保とかで、この連中は外国人が買ったと言えば買い、売ったと言えば売るので、必ず高値つかみの損切りをさせられて、延々とマーケットシェアも下げているし、パフォーマンスもすさまじく悪い。日本の個人投資家としては、「なんであんな相場の下手な連中に金を預ける必要があるんだ」と、当然思っているだろう。

サービス業主導経済の時代に、大富豪は要らない

もう1つの好材料は、日本には小金持ちは多いが、大富豪・超富豪クラスの大金持ちが少ないことだ。アメリカドルで100万ドル(1億2000万円弱)を持っている人の国別のシェアで言うと、日本はアメリカに次いで2位だ。ただ、アメリカが世界全体の41%となっている。人口は3億人で世界総人口の4・3%に対して、41%いるわけだ。日本は約1億2000万人

で、総人口の1・7%に対して100万ドル長者が9%だから、アメリカに比べれば比率は低いけれども、なかなかのものだ。3位がイギリス。4位、5位、6位あたりはフランス、ドイツ、中国が同着で5%ずつというかたちになっている。

ここで見る限りは、日本は意外に金持ちの多い国だということが言えそうだ。だが、あくまでも小金持ちはいっぱいいるということなのだ。資産規模が1億円をちょっと上回る程度という人たちは、かなり大勢いる。

ところが、足切り線を5000万ドル(60億円弱)に上げると、まったく様相が違ってくる。このクラスの大富豪は、日本にはほとんどいなくなってしまうのだ。これはもう本当に歴然としていて、これぐらいの大富豪ということになると、アメリカが圧倒的に多くなる。アメリカ1国で5万5000人もいる。はるかに人数は少なくなるけれども、2位が中国になる。中国には5000万ドル以上持っている人が、1万人近くいる。そのあとはイギリス、ドイツ、スイス、フランス、イタリアと続いて、日本はイタリアよりも少ない8位の約2%にとどまる。要するに小金持ちは大勢いるけれども、大富豪はほとんどいないのが、日本という国なのだ。

さらに10億ドル(1200億円弱)超の資産を持つ超富豪クラスになると、日本のシェアは、もっと下がる。ロシア、香港、カナダ、オーストラリア、台湾にも抜かれて、韓国、スペインと同率14位の1・6%になってしまうのだ。

人口は1億2000万人もいるのに、大富豪の数は、まだせいぜい2000〜3000人程度にとどまっている日本は、経済成長があまり投資に依存せず、消費の拡大に依存するサービス業主導経済ではすばらしい国だということになる。それだけムダに滞留してしまう資金が少なくて済むということだからだ。

しかも日本の場合、こうした統計の信頼度も高い。たとえば、中国などではもっと隠し資産を持っている連中がゾロゾロいるだろう。クレディ・スイスが毎年刊行している『世界の富データブック』2016年版では、ロシアも5000万ドル以上の資産を持つ大富豪は2000人弱しかいないことになっている。だが、実際にはこの2倍とか3倍ぐらいにはなっていそうな気がする。

なぜこれが将来、日本にとって有利なのか？　金持ちの存在意義は、稼いだものを、その年のうちに使い切ることができないことにある。だから、金持ちが多い国ほど投資に回す実物資産も、貯蓄や投資のかたちで持っている金融資産も多い。つまり、金持ちはその年の稼ぎを、その年のうちに遣いきれないので、実物資産も、金融資産も金持ちの多い国ほど急速に積み上がる。実体経済のほうで言えば、金持ちが使い切れずに残した分が投資向けの実物資産として残る。

それが今までは世の中を発展させ、経済を成長させる原動力になってきた。だが、製造業の地位が低下して、金持ちが溜めこんだ巨額の資金を投資に回しても、大して成長の役に立たないということであれば、大富豪がいっぱいいる国では資源がムダに滞留してしまうことになる。こうして、工業が経済の主体ではなくなった世界では、金持ちの存在意義は大きく低下する。というのも、なぜ工業主導経済で金持ちがもてはやされていたかを考えれば、サービス業主導経済での威信低下の理由も見えてくる。

みんなが少しずつカネを貯めると言っても、そう大した金は貯まらないが、大儲けをした人間が1人貯めるとなると莫大な金額になる。だから、大規模な製造業の設備投資を促進するほどの実物経済における余剰をひねり出す。これが金持ちの存在意義のほぼすべてだ。「金持ちがいなくなったら、科学技術上の発明発見や創意工夫のペースが鈍る」という議論にはなんの根拠もない。実用性の高い発明発見や創意工夫をしたひとが金持ちになることはある。だが、金持ちだから発明発見や創意工夫に対する適性が高いということはない。

大規模投資がいらなくなったら、「金持ちって、いったい何の役に立つの?」ということになる。自分が稼いだ分だけ消費をしてくれないということは、それだけサービス業経済にとっては、効率の悪い客でしかないわけだ。金持ちで、ものすごく派手に使ってくれるという人がいっぱいいたら、多少はいいけれども、それでも毎年その年の稼ぎを全部使い切るほどの金持ちはめったにいない。ほぼゼロに近いだろう。

消費活性化がカギになるサービス主体の経済の中では、金持ちの莫大な貯蓄と投資は邪魔になる。だから、累進課税をもっとどんどん進めて、金持ち追い出し税制にするというのはありだろう。今までの世の中だと、「そんなことをしたら金持ちが貯蓄や投資をしてくれたおかげで出てくる大規模な投資が出てこなくなってしまうから、経済全体がジリ貧化する」という怖さがあったわけだ。でも消費主体、サービス業主体の経済になると、それが必要なくなるのだ。金持ちの存在意義が希薄だから、どんどん累進課税を高めて「それがイヤだという人は、どこへでもいってください」と平然と言えるようになる。

私はもう一歩進めて、法人所得税も累進課税にして、大企業で「こんなに税金とられたらイヤだから、うちは出て行く」というところがあったら、どんどん送り出してやればいいと思う。現状でも、トヨタのような大企業が全然税金を払っていないという事実もある。法人税については、種々雑多な控除規定を廃止して一律に本則並みの税率を取るだけで、税収はもう消費税なんか全廃し、かなり個人の低所得者の所得税を減額しても、十分やっていけるはずだ。

それをやるなり、累進課税を強化するなりして、とにかく金持ちや大きな金額の現預金を溜め込んでいるけれども、使い道がないという企業は、国の中で使うか、税金として取られるか、両方ともイヤなら出ていってくれという税制にすべきだ。

出ていってくれても、別に今さら製造業の大手の本社が日本にあろうが、世界中のどこにあろうが、それは実質上、大した変わりはない。また税収面で言えば、今の日本の企業のうちとくに大手で節税対策を万全にやっているところが出ていっても、税収はほとんど変わらないだろう。日本なり外国なりで品質のいい製品を造って消費者に提供さえしてくれれば、消費者にとっても特定企業の本社機能がどこにあっても、そんなことは関係ないはずだ。

残念ながら、自公連立内閣では、とうてい個人所得税の累進性強化とか、法人所得税への累進制導入はありそうもない。それどころか、この本の出版時点でどういう名前になっているかすら不明な野党第1党も、第2党も、ほとんどやってくれそうな気配はない。10年から1世代先ぐらいの未来がどんなに明るくても、「目先真っ暗」というのが、日本の政治経済の偽らざる実情だ。そういう環境の中で、日本に生まれ育った個人はどう生きていけばいいのだろうか。この点を最終章で論じよう。

第5章

明るい未来と暗い現在とのはざまをどう生き抜くか

個人が自衛する道は、大きく分けて2つ

政治や経済の大きな枠組みを動かせないときに、個人としてどういう対抗策があるかについて、真剣に考えてみた。大ざっぱに言って、やっぱり2つだなという結論に達した。

1つは少額でもいいから、とにかく金《きん》を買って、買いっぱなしにして、絶対売らないでいること。金《きん》は万一の際に換金できて、しかも換金したときの価値が非常に安定している。インフレになればインフレになったで、それを上回る値上がりをするし、デフレのときにも全然値下がりしないというすばらしい特性を持っている。そういう資産として少額でもいいから、少しずつ金《きん》を買い足していって自衛するのが1つ目だ。

もう1つ、これはちょっと突飛な発想に聞こえるかもしれないが、江戸時代並みにいろいろ趣味に凝って、その凝った趣味の中で、人に教えられて、教えた相手から謝礼をもらえるぐらいに技量を磨いた趣味を1つか2つ持つべきだということだ。唐突な印象のあることちらから、説明していこう。

江戸時代には、早々と引退してしまう人もいる反面、高齢になっても現役で働き続ける人も増えていた時代だ。その現役で働き続ける人たちの多くは、決して無理な力仕事なんかしてい

たわけじゃなくて、たとえば小唄のお師匠さんをやるだとか、手習いの先生をやるといったことを、いろんな場所でやっていた。

江戸時代型社会のすばらしさは、高齢化の消費抑制効果をじつに巧みに緩和していたことにある。現代社会では「高齢化したら一方的に貯金が出て行くばかりなので、それが怖くて消費が低迷する。いつまで生き延びるかわからないのに、今持っている貯金を使い果たしたら損だ」というタブー感が、ものすごく消費を低迷させている。それが結局は回り回って、個人の所得にも悪影響を及ぼしている。

趣味の金銭化に真剣に取り組むべし

もしこれが同じ高齢者同士で、みんなそれぞれいくつか趣味を持っていて、その趣味のうち1つでは、仲間から授業料が取れる。他の分野では、やっぱり仲間に授業料を払う。そういうやりとりをすれば、一方的に出て行くだけじゃなくて、入ってくるカネもある。そういう心理のときのほうが、消費ははるかに活性化するだろう。

しかも日本が非常にすばらしい国だと思う理由の1つが、とにかくいろんな趣味について凝る人、こだわる人が多い国だということだ。昔からの伝統芸能とかのいかにも日本的な分野でもそうだし、食文化では日本ぐらい、ありとあらゆる国からいろんな料理を取り入れている国は珍しい。趣味のそれぞれの領域が、たとえ一時だけでも流行すると、その流行についてうんちくが語れるような人たちが必ず1人はいて、時の人になったりする。

アンディ・ウォーホールが現代世界をどう定義するかと聞かれたときに、「誰もが15分間なら有名人になれる。いずれそんな時代が来るだろう」という名セリフを残した。まさに日本には、今でも輪番制的な有名人が大勢生きている。

世界中の誰もが、かりそめのカリスマにはなれる。かりそめのカリスマになったときに、ここで荒稼ぎをしようとすると失敗するけれども、ここでたとえば苦しいときにも助けてくれるような、30人でも40人でも、熱心なファンをつくるということを心がけるべきだろう。

たとえば俳句は、およそ商売にならない芸術として悪名高い。だが、もし俳句の同人誌形式の組織を同人100人でつくれると、けっこう実質的な実入りがあるだろう。俳句の同人誌は、だいたい季刊で出す。薄っぺらな小雑誌形式で会費として2000円ぐらい取る。それを年に4回出すと、それだけで1人で8000円になる。これを20人だと年間16万円、30人なら24万円になる。年間16〜24万円では小遣い程度にしかならない。そして、俳諧同人誌では100人は超カリスマということになってしまうだろう。

だが、もう少し一般性の高い趣味で同じようなことをやる。あるいは俳諧同人誌でも俳諧の殻を破るようなことをやってみる。それをもう実現しているのが、コミックマーケット（コミケ）だ。あそこでは、同人誌が２０００部とか３０００部とか持続することができている。これはもう一生食っていける事業になる。そういうふうにして食っていける人が、かなりの人数出現している。ああいうかたちをあちこちの芸術分野、食生活の分野でやるべきだろう。

日本の農業は、世界中でいちばん食に関する好奇心の強いすばらしい客を相手にしているわけだから、今まで日本人が見たことも聞いたこともなかったような食材を導入してきて、うまく日本での栽培に成功した農家なら、年収２０００～３０００万円に軽くなる。そういうことがやれるわけだし、それをいろいろな分野で、農林水産業もサービス業的な発想でやるべきだ。さまざまな芸術分野でも、同人サークルみたいなものでなんとか一生実入りのあるような生活ができると、ちっとも好きではないが稼げるからやっていた仕事を退職したときにまったく収入の道が途絶えるということがなくなる。

農業も漁業も既得権益を持つ人たちががっちり守っていて、なかなか入れないという印象が強い。だが、最近はけっこう変わり始めている。しかもまったく経験がない人が、なんとか農協にお許しをいただいて、既成観念にとらわれないかたちで始めた農作物が当たるという事例も、ぽつぽつ出てきている。少ないことは事実だが。農家出身でサラリーマンになった人が帰農ということになると、だいたい似たようなことをやってしまうケースが多い。だが、まったく今まで農業を知らなかった人が突然やってみると、おもしろいことができたりするようだ。

技能に自信はないが、勤倹貯蓄に自信ありという人にお勧めが金《きん》の少額貯蓄

個人の資産防衛として、金《きん》は非常に有効だ。じつに1560年という大昔から、延々と金地金の価格指数と卸売物価指数、その卸売物価指数で金地金の価格指数を割った金の購買力指数の3変数を産出したグラフがある。P234～235の図表だ。

本当にきれいに金地金の価格指数は暴騰している。地金価格はインフレの影響があるから、こんなに高くなっても当然だと考える人も多いだろう。だが、それだけではなくて、卸売物価指数で割ることによって実質化した金《きん》の購買力指数も、非常に大きく伸びているということがわかる。とくに第二次世界大戦以後の金購買力指数上昇率が高い。

全体としてすばらしいパフォーマンスだが、これだけ長い期間の中で暴落したケースが、1820年ごろ、つまりナポレオン戦争が終わったときと、アメリカで南北戦争が起きた1860年代初めから1900年までと、第一次大戦が終わって一時的な復興ブームがあった後、1930年代不況に入るとき、この3回しかない。それ以外は、ほぼ一貫して上げ続けて

いるか、少なくとも横ばいは保っていた。しかも、その3回の暴落のうちで一番長期にわたった1860〜1900年までの40年間以外は、だいたい1世代、30年以内のうちに取り戻している。

この長期推移の中で非常におもしろい事例が1970年代で、世界中の金融市場で激動が起きた時期だ。まず1971年に当時のニクソン大統領が米ドルの金兌換を停止すると宣言した。いわゆるニクソンショックだ。さらに、1973年に第1次オイルショックが起きて、79年に第2次オイルショックが起きた。

この激動の時代に、金利がべらぼうに上がったり、インフレ率が急加速したりしたが、その中で金《きん》のパフォーマンスは1975〜76年半ばぐらいまで1回、比較的長期の下降があったが、それ以外は基本的に上昇基調を描いている。1979年から1980年の1月にかけては、特殊要因で暴騰した。アメリカのテキサスの石油成り金だったハント兄弟が1973年に1度、「これから金銀価格は、固定相場から離れるから大暴騰する」という思惑で、銀を買い占めて、成功してぼろ儲けした。本当は金《きん》を買いたかったのだが、その当時はまだアメリカ人は金《きん》を持つことを禁じられていたので、銀にしたわけだ。1979年にも、同じように第2次オイルショックで「これからは金銀価格が暴騰する」と思って、そのときにはもうアメリカ国民も金《きん》を買えるようになっていたので、金《きん》を買ったほうが安全だったと思うが、前回の成功体験に引き

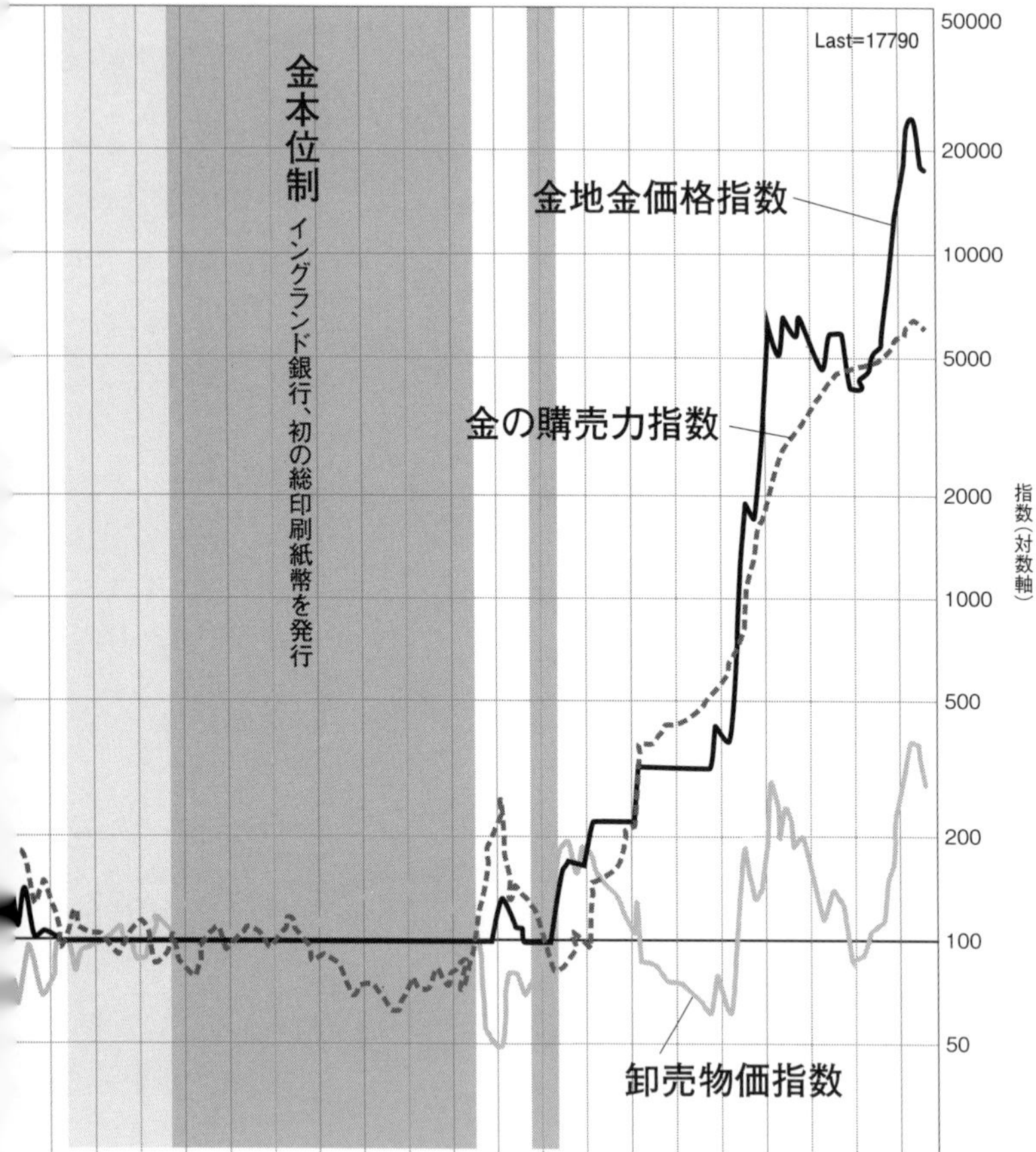

まるからだ。また、不況期にも確実に購買力が上がり、資産価値保全能力の高さを示している。

金の価値は20世紀以降急騰している
超長期金地金購買力推移(1560〜2015年)

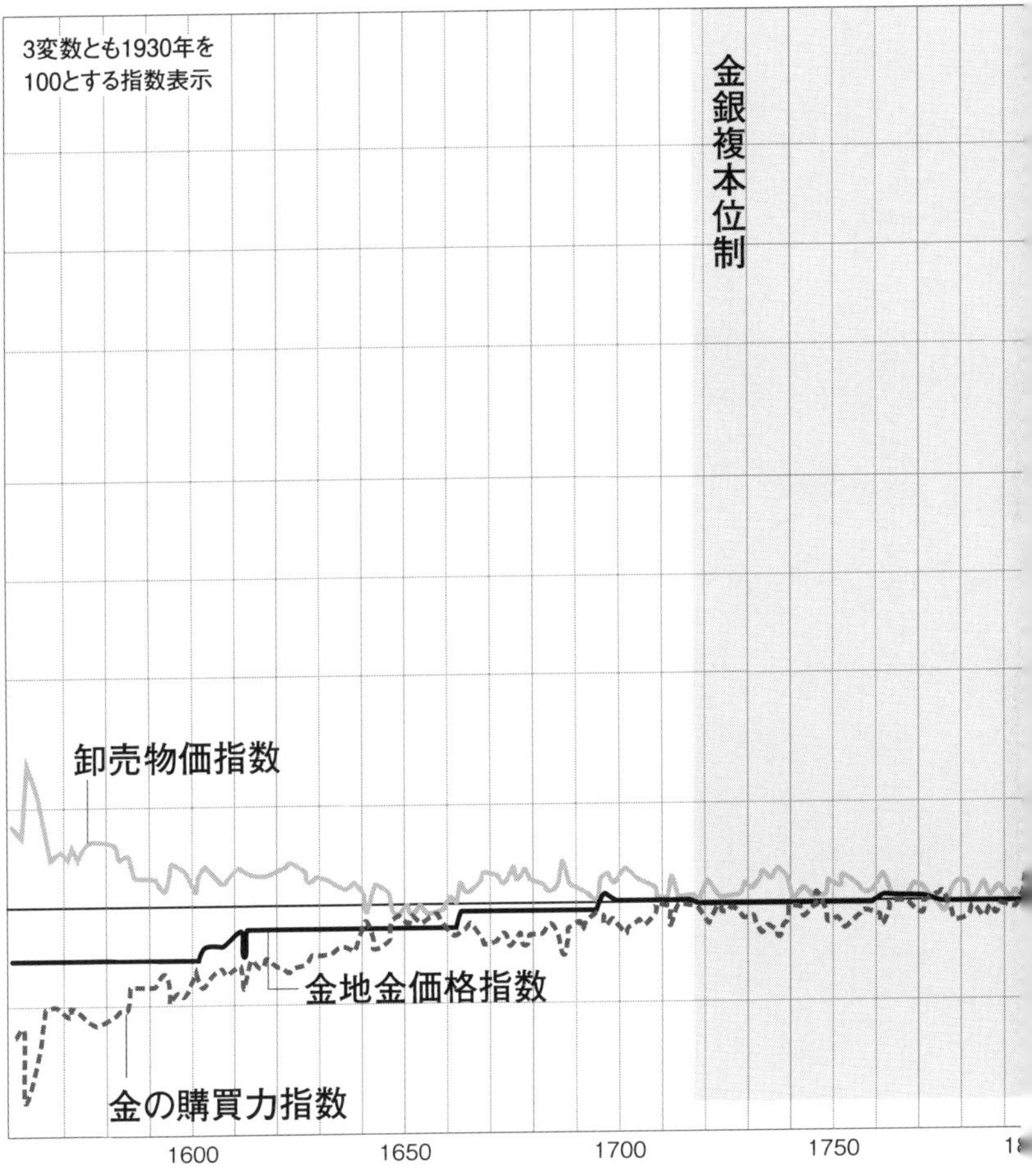

原資料:Gold Charts R Us
出所:ウェブサイト『Bullion Star Blog』、2016年10月28日のエントリーより

長期的に見ると、金の購買力指数は安定して上昇を続け、とくに20世紀後半からは伸び率が高まっている。社会全体が豊かになれば需要は拡大するが、供給量は微増にとど

ずられて、銀を買い占めてしまった。銀価格がまず暴騰して、その後、金価格が暴騰したのだが、1980年1月21日に金価格がトロイオンス当たり850ドルという、当時としては考えられないようなバカ高値をつけて、その直後から急落に転じた。

これだけ波瀾万丈の金融事件が続いても、インフレが起きようが、金利が上がろうが、金《きん》は少なくとも価値を維持するし、だいたいにおいて上がるものだということをはっきりとした傾向として示したのが、1970年代から80年代初めの金価格動向だった。

800ドルを超えたあとかなり低迷したのだが、じつはこの低迷期の中でも、1990年代半ばから2000年代半ばまで200ドル台、300ドル台が続いたのは、中央銀行による国際的な金市場操作があったためだった。ワシントンに集まった連邦準備制度以外の世界中の中央銀行が金準備を売り払おうというカルテルをつくって、どこかが抜け駆けして先に売り抜けて儲けないようにというので協定をして「みんな仲良く一緒に売りましょうね」という方針を延々10年ぐらいにわたって実行していた。その間、たしかに金価格は下がっていた。

この不自然な底ばいの時期に金を買っていた人はぼろ儲けをした。200ドル台で買った人は、今「下がった、下がった」と大騒ぎしても、それでも1100ドルしているので約5倍に上がっている。

だから金《きん》は、1度持ったらたとえば1900ドル近くまで上がったときに、「これは危ないから売っておこう」というようなことをあまり考える必要がない。大勢として見れば必ず上がることは、1560年以来450年を超える金価格推移が証明している。「ちょっと下がってるな」と思ったら買えばいいが、「上がり過ぎたから売ろう」というような小細工は、ほとんどする必要がない。

世界で1、2を争う強い通貨――金《きん》と円

なぜ金価格は価値保全能力の高い資産かというと、世界中の金属の大部分は工業原材料として使う分が7~8割なのに対して、金は装身具とか宝飾品とかとして「高価格を維持したい」という意図を持って使われる比率が一番高いということにある。プラチナが金《きん》に近いが、それでも実際には工業原材料用が6割ぐらいで、宝飾品としての需要は4割ぐらいのものだ。金だけは主用途が全然違っていて、宝飾品、装身具、コイン、延べ棒需要が7~8割で、工業原材料需要は10%台というほど小さい。

それが何を意味するかというと、だいたい工業原材料として買うものは、安ければ安いほど需要が高まる。だが、装身具とかコインとかのかたちで買う人たちは、高いからこそ買うわけだ。こうした需要は世界的に経済状態が豊かになるほど高まる。今まではほかの金属との合金

で満足していたとか、銀で満足していた人たちが「純金が欲しい」とか、「金《きん》の比率の高い合金が欲しい」と感じるようになるからだ。明らかに、世界全体としての経済はどんどん貧しくなるわけではなく、じわじわと豊かになっている。そして、金需要は世界経済が豊かになればなるほど拡大する。

それに対して供給量は、地上に存在する金の総ストックが今、17万トンぐらいだ。一方、年間の生産量は2000～3000トンに過ぎない。年間増加率としては1・5～1・7％ぐらいの範囲に収まっている。供給量がそれだけ非常に小さな幅でしか増えないのに、需要のほうは経済が豊かになればなるほど増えるので、金価格は上がって当然なのだ。

1980年1月に金価格が暴騰した頃、ずっとトロイオンス当たり200～300ドルだったものが、突然アメリカでは800ドル台になった。それが第1次の金価格の暴騰で、最近、2011年にもう1度暴騰して、1900ドル近くになった。世界の主要国で現在の金価格は1980年の暴騰ピーク時の2・5～3・0倍になっている。P239の図表上段の、トロイオンス当たりの金の米ドル価格がその典型だ。

ところが唯一、日本の通貨、円で評価すると1980年のピーク時に、1グラム当たり5300円ぐらいだったものが、直近でいまだに4700円ぐらいで、まだ1980年の水準を超えていない（グラフはトロイオンス当たりなので数値が高いが、図形はまったく同じだ）。

黄金の国ジパング復活の兆し

米ドルと円表示のトロイオンス当たり金価格(1979〜2016年)

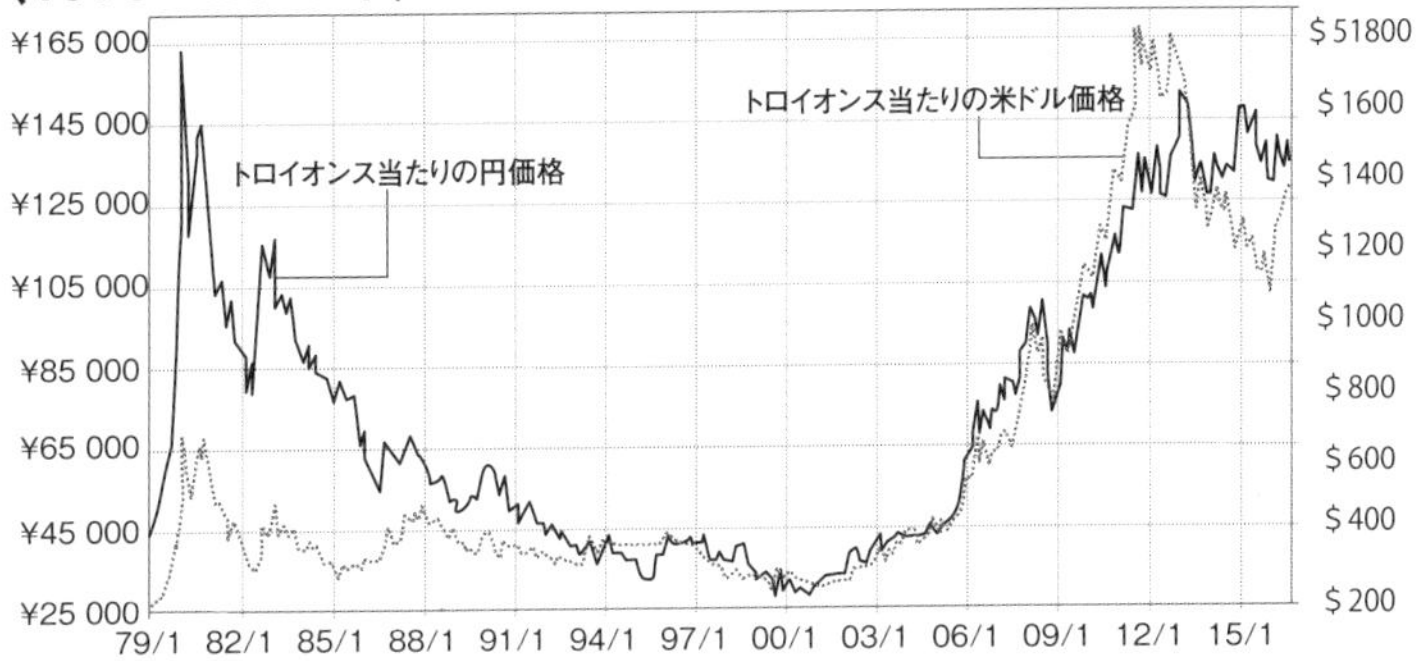

1980年1月を100とした米ドルと円表示の金価格指数(1980〜2016年)

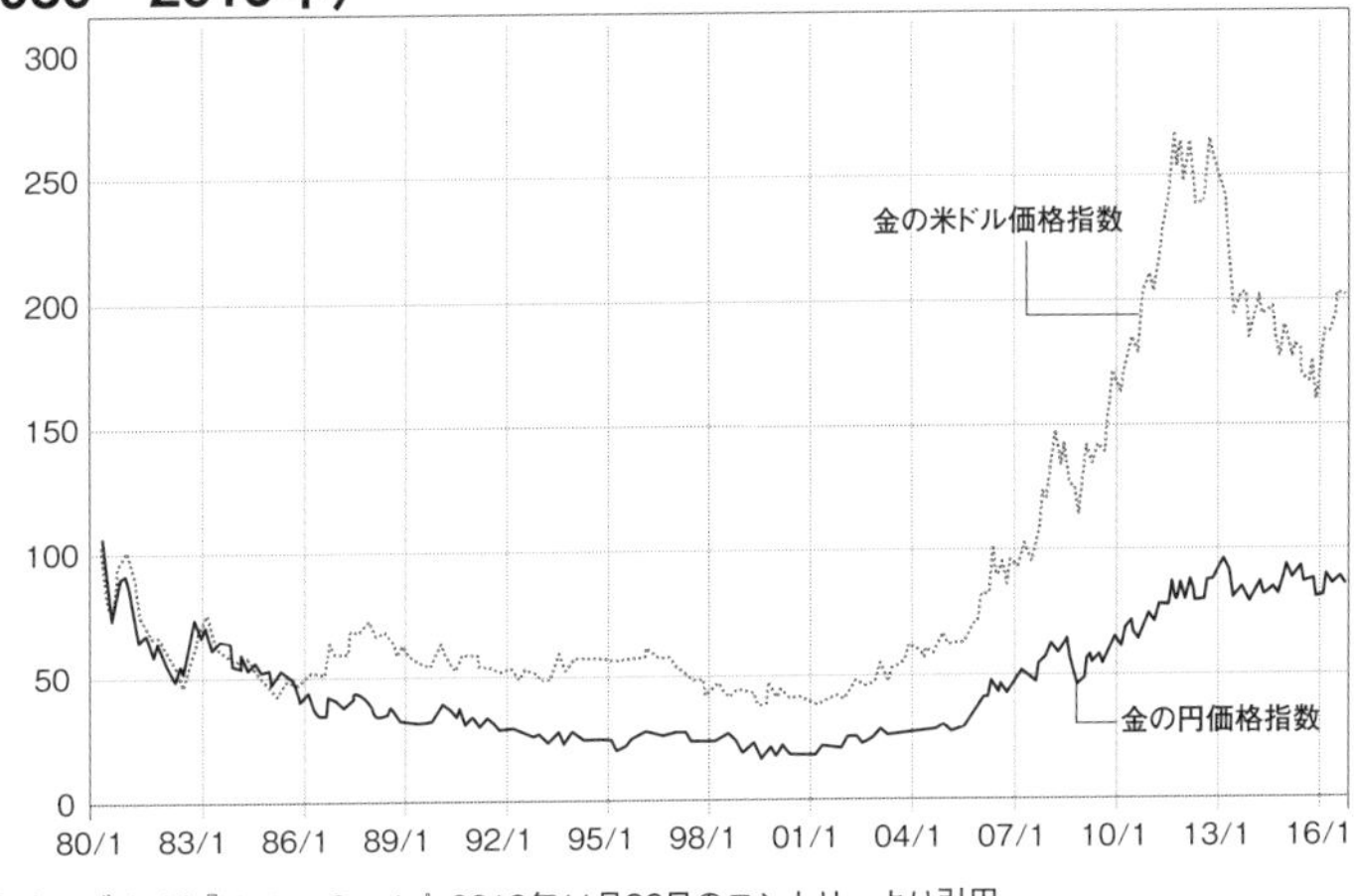

出所:ウェブサイト『Market Oracle』、2016年11月26日のエントリーより引用

世界の主要通貨の中で現在のほうが1980年より安く同量の金を買えるのは、日本円だけだ。1ドル=360円の固定相場以来、ほぼ一貫して円高が続いたからこそ、これほど金が安く買えるのだ。だが、今後も円安が続けば、手持ちの円を金に換えておくほうが安全だろう。

世界中の主要通貨の中でいまだに金価格が１９８０年のピークを越えていないのは、日本円だけなのだ。何を意味するかというと、それぐらい円は強かったのだ。

米ドルは固定相場制だった時代の１ドル＝３６０円から始まり、３２０円に下がり、２８０円に下がり、その後は変動相場制になって延々と下げ続けて、79円まで下がってから、最近では１１７円前後まで上がってきた。最近でこそ円は安くなっているが、１９８０年からの約35年間という長い射程で見れば、円は一度として金にパフォーマンスで負けたことがない。

その一因は、日銀はジャブジャブ円紙幣を刷っているにもかかわらず、国民が賢いからどんなに刷ってもそれを流通させていないことにある。タンスの中にしまい込んでいるから、大量増刷してもインフレにはならず、円の対ドルレートも一方的な円安は続かないのだ。

アメリカでは多少連邦準備制度の誘いに乗って増刷された米ドル札を流通させてしまう人もいるので、インフレ推進論者にとっては操作しやすい国民だということになる。日本国民には、ほとんどその操作が効かない。

驚くべきことに、日本の経済学者のほとんどが「日本国民は保守的過ぎて、ずっと利息もつかない預金で貯め込んでいるバカなやつらだ」と言っている。だが、その日本の全然利子のつかない円をずっともち続けていたことが、結局は30年間の金《きん》に対するパフォーマンスでは一番良かったのだ。それに比べて株を買ったり不動産を買ったりしたら、とんでもないことになっていたし、現在までのところは、まだ金《きん》を買うよりも、日本円のまま預金していたほうがパフォーマンスはいいわけだ。

長期的な経済動向、とくにどの国の経済が本当に強いのかを見極めるには、金とその国の通貨の比較が一番よくわかる。日本円が、いかに強い通貨かも、しみじみとわかる。だいたい日本の金融業界の人は金《きん》をバカにしているから、よく調べもしないで「金《きん》なんて利子もつかないし配当も出ないから、持っているのはバカだ」と言い続けている。だが、そのバカのほうが株よりはるかにいいパフォーマンスをしていて、日本円はその金《きん》よりさらにいいパフォーマンスをしているのだ。

資産としての金《きん》のもう1つの強みは、今なお世界で一番流動性の高い通貨だという事実だ。P242の図表をご覧いただきたい。

このグラフの作成意図は、アメリカの国家債務がいかに巨額かということだ。だが、もっと興味深いのは、何度となく通貨としての死亡宣告をされた金のストック時価評価額が7兆7000億ドルと、世界中に存在する全通貨の現金総額5兆ドルよりはるかに大きいという事実だ。また、銀地金のストックやビットコイン、その他の擬似貨幣とは2ケタ以上時価総額が違っている。

さらに、金《きん》は世界中どこでも同じ元素記号で表示される同じ金属だが、通貨は数百種に分か

アメリカの国家債務は世界中のお金の総量を超えている

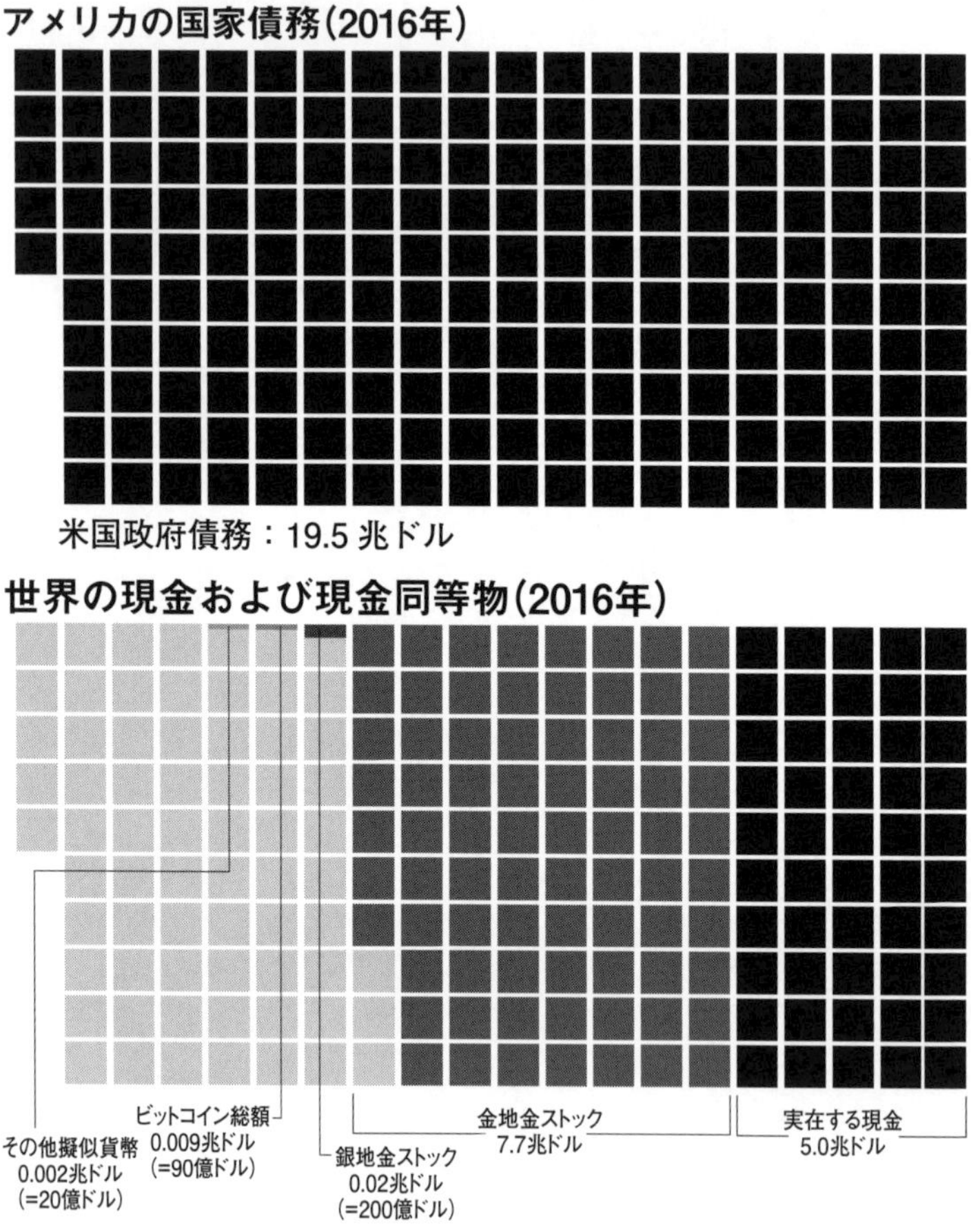

注:上下とも、1マスは0.1兆ドル=1000億ドルを示す。
出所:ウェブサイト『Visual Capitalist』、20016年9月13日のエントリーより

金のもう1つの魅力はストック量が大きいので、今もなお世界中でもっとも普遍的に通用する通貨だということだ。米ドル札でもニセ札を恐れて両替えしてくれないような地域でも、鑑定士のところに持ち込めば必ず品位と重量に応じて現地通貨に替えてもらえる。

れている。また、米ドルでさえ、ニセ札を怖がる地域では現地通貨と交換できないこともあるが、金《きん》は鑑定士のいるところに持ち込めば、どこでも品位と重量に応じて現地通貨と交換できる。どれだけ広い地域で流通するかという基準で考えれば、金《きん》は今もなお世界一の通貨なのだ。

今後の日本経済の明るい展望を信ずる人は、日本円をタンス預金したままでもいいかもしれない。だが、政策当局による執拗な介入で円安が進むと考える人にとって、最大の資産価値防衛策は、金《きん》を買って持ちつづけることだろう。

おわりに

長年の読者諸兄姉はすぐお気づきだと思うが、今回は図表の点数をかなり絞り込んだ。これまで、狭いスペースにぎゅうぎゅう詰めで見にくく、意味もわかりにくかったものを、大きく、グラフや表自体で何が言いたいのかを補足するキャプションも付けた。ずっと、読みやすく、わかりやすい紙面になっていると思う。

ただ、その結果として、図表にしなくとも意味が伝わりそうな数値データなどは、全面的に文章だけでお伝えしている。学術書ではないので、いちいち出所や原資料を明記していないが、手元に確たるデータを持っていない数字は1つも入れていない。編集の岩谷さんを通じてお尋ねいただければ、即座に出所と、なぜ信頼できるデータと思ったかをお答えできる。

『松藤民輔の部屋』というウェブサイトで初出稿をお読みいただいた読者の方々、同サイトを主宰する（株）牛之宮、そして画期的なデータ表示法をご提案いただいたビジネス社編集部の岩谷健一さんに、お礼を申し上げる。

「しめしめ、これで南北戦争並みにボロ儲けができる」と舌なめずりしていた
アメリカ財界人を落胆させるほど短期で終わった1866年の普墺戦争から151年、
1868年の明治維新から149年、
1917年のロシア・プロレタリア大革命から100年、
連邦政府軍が出動した1967年のデトロイト黒人大暴動から50年、
2017年1月初旬の吉き日に

増田悦佐

【著者プロフィール】
増田悦佐（ますだ・えつすけ）
1949年東京都生まれ。一橋大学大学院経済学研究科修了後、ジョンズ・ホプキンス大学大学院で歴史学・経済学の博士課程修了。ニューヨーク州立大学助教授を経て帰国、HSBC証券、JPモルガン等の外資系証券会社で建設・住宅・不動産担当アナリストなどを務める。現在、経済アナリスト・文明評論家。近著に『戦争とインフレが終わり激変する世界経済と日本』（徳間書店）、『いま、日本が直視すべきアメリカの巨大な病』（ワック）、『ピケティ「21世紀の資本」を日本は突破する』、『中央銀行がわかれば世界経済がわかる』（ともにビジネス社）など。

米中地獄の道行き　大国主義の悲惨な末路

2017年2月1日　第1刷発行

著　者　増田悦佐
発行者　唐津　隆
発行所　株式会社ビジネス社
〒162−0805　東京都新宿区矢来町114番地　神楽坂高橋ビル5F
電話　03−5227−1602　FAX 03−5227−1603
URL　http://www.business-sha.co.jp/

〈カバーデザイン〉大谷昌稔　〈本文組版〉エムアンドケイ
〈印刷・製本〉モリモト印刷株式会社
〈編集担当〉岩谷健一　〈営業担当〉山口健志

ISBN978-4-8284-1935-0